RACISMO ESTRU

FEMINISMOS
PLURAIS
COORDENAÇÃO
DJAMILA RIBEIRO

SILVIO
ALMEIDA

# RACISMO ESTRUTURAL

**FEMINISMOS PLURAIS**

COORDENAÇÃO
DJAMILA **RIBEIRO**

# SILVIO
# ALMEIDA

**SUELI** CARNEIRO     **jandaíra**

SÃO PAULO | 2020
6ª REIMPRESSÃO

Este livro foi revisado segundo o Novo Acordo Ortográfico
da Língua Portuguesa.

Direção editorial
**Lizandra Magon de Almeida**

Produção editorial
**Luana Balthazar**

Revisão
**Mariana Oliveira e Lizandra Magon de Almeida**

Projeto gráfico e diagramação
**Daniel Mantovani**

Foto de Capa
**Acervo Pessoal**

Dados Internacionais de Catalogação na Publicação (CIP)
Angélica Ilacqua CRB-8/7057

Almeida, Silvio Luiz de

  Racismo estrutural / Silvio Luiz de Almeida. -- São Paulo : Sueli

Carneiro ; Editora Jandaíra, 2020.

  264 p. (Feminismos Plurais / coordenação de Djamila Ribeiro)

ISBN: 978-85-98349-74-9

1. Racismo 2. Racismo - História 3. Racismo - Teoria, etc.

I. Título II. Ribeiro, Djamila III. Série

19-00703                              CDD 305.8

Índices para catálogo sistemático: 1. Racismo

# jandaíra
www.editorajandaira.com.br
atendimento@editorajandaira.com.br
(11) 3062-7909

A todas as mulheres negras. Às minhas ancestrais que me permitiram caminhar até aqui e com quem um dia hei de me reencontrar para expressar gratidão.

Às presentes, que, cada uma a seu modo, me possibilitaram, dentre outras coisas, escrever este livro. A todas vocês, que me deram a vida, o sustento, o apoio, o alento e o amor. A vocês, mulheres negras, com quem caminho lado a lado, aprendendo e dividindo a esperança de um mundo mais justo. Dentre todas, especialmente à minha mãe, Verônica.

# AGRADECIMENTOS

Muitas pessoas foram fundamentais para que este livro viesse à luz, mas gostaria de agradecer algumas em especial por seu envolvimento direto no processo que tornou esta obra possível.

À Djamila Ribeiro, a outra irmã que a vida me deu, minha amiga e parceira intelectual, e que me honrou com o convite para publicar nessa já histórica coleção Feminismos Plurais.

A Rodney William, que me acolhe e cuida de meus caminhos.

A Alysson Leandro Mascaro, Marcio Farias, Dennis de Oliveira, Camilo Caldas, Renato Gomes, Júlio Cesar de Oliveira Vellozo, José Francisco Siqueira Neto, Alessandra Devulsky, Lia Vainer Schucman, Pedro Davoglio, Luiz Roque Miranda Cardia, Rosane Borges, Vivian Krauss, Evelini Figueiredo, Thais Zappelini, Waleska Miguel Batista e Isabella Marcatti, com quem a amizade, a troca de ideias e opiniões, bem como a ajuda com os textos foram cruciais no processo de produção deste texto.

A Lígia Fonseca Ferreira, Marcelo Paixão e Luiz Felipe de Alencastro, intelectuais por quem nutro a mais profunda admiração e respeito, e que me honraram com os textos que apresentam este livro.

À minha querida irmã, Quelli, parceira de toda a vida. À Therezinha Carvalho, por cuidar tão bem de mim. À Ednéia Almeida, pelo amor e pela cumplicidade.

# SUMÁRIO

Quem é que não se lembra
Daquele grito que parecia trovão?!
– É que ontem
Soltei meu grito de revolta.
Meu grito de revolta ecoou pelos
vales mais
longínquos da Terra,
Atravessou os mares e os oceanos,
Transpôs os Himalaias de todo o Mundo,
Não respeitou fronteiras
E fez vibrar meu peito…
Meu grito de revolta fez vibrar os peitos
de todos os Homens,
Confraternizou todos os Homens
E transformou a Vida…
… Ah! O meu grito de revolta que
percorreu o
Mundo,
Que não transpôs o Mundo,
O Mundo que sou eu!
Ah! O meu grito de revolta que feneceu lá longe,
Muito longe,
Na minha garganta!

Amílcar Cabral, "Emergência da poesia" em Amílcar
Cabral: 30 poemas

# APRESENTAÇÃO

# FEMINISMOS
# PLURAIS

O objetivo da coleção Feminismos Plurais é trazer para o grande público questões importantes referentes aos mais diversos feminismos de forma didática e acessível. Por essa razão, propus a organização – uma vez que sou mestre em Filosofia e feminista – de uma série de livros imprescindíveis quando pensamos em produções intelectuais de grupos historicamente marginalizados: esses grupos como sujeitos políticos.

Escolhemos começar com o feminismo negro para explicitar os principais conceitos e definitiva-mente romper com a ideia de que não se está discu-tindo projetos. Ainda é muito comum se dizer que o feminismo negro traz cisões ou separações, quando é justamente o contrário. Ao nomear as opressões de raça, classe e gênero, entende-se a necessidade de não hierarquizar opressões, de não criar, como diz Angela Davis, em "As mulheres negras na construção de uma nova utopia", "primazia de uma opressão em relação a outras". Pensar em feminismo negro é justamente romper com a cisão criada numa sociedade desigual. Logo, é pensar projetos, novos marcos civilizatórios, para que pensemos um novo modelo de sociedade. Fora isso, é também divulgar a produção intelectual de mulheres negras, colocando-as na condição de sujeitos e seres ativos que, historicamente, vêm fazendo resistência e reexistências.

Entendendo a linguagem como mecanismo de manutenção de poder, um dos objetivos da coleção é o compromisso com uma linguagem didática, atenta a um léxico que dê conta de pensar nossas produções e articulações políticas, de modo que seja acessível, como nos ensinam muitas feministas negras. Isso de forma alguma é ser palatável, pois as produções de feministas negras unem uma preocupação que vincula a sofisticação intelectual com a prática política.

Silvio Almeida, neste livro, parte do princípio de que o racismo é sempre estrutural, ou seja, integra a organização econômica e política da sociedade de forma inescapável. Para o autor, advogado e estudioso da teoria social, "racismo é a manifestação normal de uma sociedade, e não um fenômeno patológico ou que expressa algum tipo de anormalidade". O racismo, afirma, fornece o sentido, a lógica e a tecnologia para a reprodução das formas de desigualdade e violência que moldam a vida social contemporânea.

Com vendas a um preço acessível, nosso objetivo é contribuir para a disseminação dessas produções.

Para além desse título, abordamos também temas como encarceramento, racismo estrutural, branquitude, lesbiandades, mulheres indígenas e caribenhas, transexualidade, afetividade, interseccionalidade, empoderamento, masculinidades. É importante pontuar que essa coleção é organizada e escrita por mulheres negras e indígenas, e homens negros de regiões diversas do país, mostrando a importância de pautarmos como sujeitos as questões que são essenciais para o rompimento da narrativa dominante e não sermos tão somente capítulos em compêndios que ainda pensam a questão racial como recorte.

Grada Kilomba em *Plantations Memories: Episodes of Everyday Racism*, diz:

> Esse livro pode ser concebido como um modo de "tornar-se um sujeito" porque nesses escritos eu procuro trazer à tona a realidade do racismo diário contado por mulheres negras baseado em suas subjetividades e próprias percepções. (KILOMBA, 2012, p. 12)

Sem termos a audácia de nos compararmos com o empreendimento de Kilomba, é o que também pretendemos com essa coleção. Aqui estamos falando "em nosso nome"[1].

**Djamila Ribeiro**

INTRODUÇÃO

À leitora e ao leitor que me dão a alegria de ler este livro, faço dois alertas. O primeiro é que não se trata de um livro especificamente sobre raça ou racismo. Trata-se, sobretudo, de um livro de *teoria social*. Neste sentido, há duas teses a destacar: uma é a de que a sociedade contemporânea não pode ser compreendida sem os conceitos de raça e de racismo. Procuro então demonstrar como a filosofia, a ciência política, a teoria do direito e a teoria econômica mantêm, ainda que de modo velado, um diálogo com o conceito de raça. A outra tese é a de que o significado de raça e de racismo, bem como suas terríveis consequências, exigem dos pesquisadores e pesquisadoras um sólido conhecimento de teoria social.

O segundo alerta refere-se ao fato de que não se pretende aqui apresentar um tipo específico de racismo, no caso, o estrutural. A tese central é a de que *o racismo é sempre estrutural,* ou seja, de que ele é um elemento que integra a organização econômica e política da sociedade. Em suma, o que queremos explicitar é que o racismo é a manifestação normal de uma sociedade, e não um fenômeno patológico ou que expressa algum tipo de anormalidade. O racismo fornece o sentido, a lógica e a tecnologia para a reprodução das formas de desigualdade e violência que moldam a vida social contemporânea. De tal sorte, todas as outras classificações são apenas modos parciais – e, portanto, incompletos – de conceber o racismo. Em suma, procuramos demonstrar neste livro que as expressões do racismo no cotidiano, seja nas relações interpessoais, seja na dinâmica das instituições, são manifestações de algo mais profundo, que se desenvolve nas entranhas políticas e econômicas da sociedade.

Movido pelo espírito da coleção Feminismos Plurais, que consiste em apresentar ideias importantes de modo acessível, iniciamos o livro com uma breve exposição histórico-conceitual dos termos raça e racismo. Apreendidos estes conceitos fundamentais, passamos aos demais capítulos, nos quais iremos, em cada um deles, estabelecer a relação entre o racismo e os aspectos centrais das estruturas sociais: racismo e ideologia; racismo e política; racismo e direito e, finalmente, racismo e economia.

Esperamos que esse volume possa inspirar pesquisas sobre filosofia, direito, política, economia e psicologia social que contribuam para a formação de pessoas realmente compromissadas com a transformação da realidade.

# RAÇA E RACISMO

## A RAÇA NA HISTÓRIA

Há grande controvérsia sobre a etimologia do termo *raça*. O que se pode dizer com mais segurança é que seu significado sempre esteve de alguma forma ligado ao ato de estabelecer classificações, primeiro, entre plantas e animais e, mais tarde, entre seres humanos. A noção de *raça* como referência a distintas categorias de seres humanos é um fenômeno da modernidade que remonta aos meados do século XVI.[2]

Raça não é um termo fixo, estático.[3] Seu sentido está inevitavelmente atrelado às circunstâncias históricas em que é utilizado. Por trás da *raça* sempre há contingência, conflito, poder e decisão, de tal sorte que se trata de um conceito *relacional* e *histórico*. Assim, a história da raça ou das raças é a história da constituição política e econômica das sociedades contemporâneas.

Foram, portanto, as circunstâncias históricas de meados do século XVI que forneceram um sentido específico à ideia de raça. A expansão econômica mercantilista e a descoberta do novo mundo forjaram a base material a partir da qual a cultura renascentista iria refletir sobre a *unidade* e a *multiplicidade da existência humana*. Se antes desse período ser *humano* relacionava-se ao pertencimento a uma comunidade política ou religiosa, o contexto da expansão comercial burguesa e da cultura renascentista abriu as portas para a construção do moderno ideário filosófico que mais tarde transformaria o europeu no *homem universal* (atentar ao gênero aqui é importante) e todos os povos e culturas não condizentes com os sistemas culturais europeus em variações menos evoluídas.

Falar de como a ideia de raça ganha relevância social demanda a compreensão de como o *homem* foi construído pela filosofia moderna. A noção de homem, que para nós soa quase intuitiva, não é tão óbvia quanto parece: é, na verdade, um dos produtos mais bem-acabados da história moderna e exigiu uma sofisticada e complexa construção filosófica.

**Falemos brevemente sobre isso**

O século XVIII e o projeto iluminista de transformação social deram impulso renovado à construção de um saber filosófico que tinha o *homem como seu principal objeto*. O homem do iluminismo não é apenas o sujeito cognoscente do século XVII celebrizado pela afirmação cartesiana *penso, logo existo*: é também aquilo que se pode conhecer; é sujeito, mas também objeto do conhecimento. A novidade do iluminismo é o conhecimento que se funda na observação do homem em suas múltiplas *facetas* e *diferenças* "enquanto ser vivo (biologia), que trabalha (economia), pensa (psicologia) e fala (linguística)".[4] Do ponto de vista intelectual, o iluminismo constituiu as ferramentas que tornariam possível a *comparação* e, posteriormente, a *classificação*, dos mais diferentes grupos humanos com base nas características físicas e culturais. Surge então a distinção filosófico-antropológica entre *civilizado* e *selvagem*, que no século seguinte daria lugar para o dístico *civilizado* e *primitivo*.

O iluminismo tornou-se o fundamento filosófico das grandes revoluções liberais que, a pretexto de instituir a liberdade e livrar o mundo das trevas e preconceitos da religião, iria travar guerras contra as instituições absolutistas e o poder tradicional da nobreza. As revoluções inglesas, a americana e a francesa foram o ápice de um processo de reorganização do mundo, de uma longa e brutal transição das sociedades feudais para a sociedade capitalista em que a composição filosófica do homem universal, dos direitos universais e da razão universal mostrou-se fundamental para a vitória da *civilização*. Esta mesma civilização que, no século seguinte, seria levada para outros lugares do mundo, para os *primitivos*, para aqueles que ainda não conheciam os benefícios da liberdade, da igualdade, do Estado de direito e do mercado. E foi esse movimento de levar a civilização para onde ela não existia que redundou em um processo de destruição e morte, de espoliação e aviltamento, feito em nome da *razão* e a que se denominou *colonialismo*.[5]

Achille Mbembe afirma que o colonialismo foi um projeto de universalização, cuja finalidade era "inscrever os colonizados no espaço da modernidade".[6] Porém, a "vulgaridade, a brutalidade tão habitualmente desenvolta e sua má-fé fizeram do colonialismo um exemplo perfeito de antiliberalismo".[7] No século XVIII, mais precisamente a partir do ano de 1791, o projeto de *civilização* iluminista baseada na liberdade e igualdade universais encontraria sua grande encruzilhada: a Revolução Haitiana.

O povo negro haitiano, escravizado por colonizadores franceses, fez uma revolução para que as promessas de liberdade e igualdade universais fundadas pela Revolução Francesa fossem estendidas a eles, assim como foram contra um poder que consideraram tirano, pois negava-lhes a liberdade e não lhes reconhecia a igualdade. O resultado foi que os haitianos tomaram o controle do país e proclamaram a independência em 1804.[8]

Com a Revolução Haitiana, tornou-se evidente que o projeto liberal-iluminista não tornava todos os homens iguais e sequer faria com que todos os indivíduos fossem reconhecidos como seres humanos.[9] Isso explicaria por que a *civilização* não pode ser por todos partilhada. Os mesmos que aplaudiram a Revolução Francesa viram a Revolução Haitiana com desconfiança e medo, e impuseram toda a sorte de obstáculos à ilha caribenha, que até os dias de hoje paga o preço pela liberdade que ousou reivindicar.

Ora, é nesse contexto que a raça emerge como um conceito central para que a aparente contradição entre a universalidade da razão e o ciclo de morte e destruição do colonialismo e da escravidão possam operar simultaneamente como fundamentos irremovíveis da sociedade contemporânea. Assim, a classificação de seres humanos serviria, mais do que para o conhecimento filosófico, como uma das tecnologias do colonialismo europeu para a submissão e destruição de populações das Américas, da África, da Ásia e da Oceania.[10] Sobre os indígenas americanos, a obra do etnólogo holandês, Cornelius de Pauw, é emblemática. Para o escritor holandês do século XVIII, os indígenas americanos "não têm história", são "infelizes", "degenerados", "animais irracionais" cujo temperamento é "tão úmido quanto o ar e a terra onde vegetam". Já no século XIX, um juízo parecido com o de Pauw seria feito pelo filósofo Hegel acerca dos africanos, que seriam "sem história, bestiais e envoltos em ferocidade e superstição".[11] As referências a "bestialidade" e "ferocidade" demonstram como a associação entre seres humanos de determinadas culturas, incluindo suas características físicas, e animais ou mesmo insetos é uma tônica muito comum do racismo e, portanto, do processo de *desumanização* que antecede práticas discriminatórias ou genocídios[12] até os dias de hoje.

O espírito positivista surgido no século XIX transformou as indagações sobre as diferenças humanas em indagações científicas, de tal sorte que de *objeto filosófico*, o homem passou a ser *objeto científico*. A biologia e a física serviram como modelos explicativos da diversidade humana: nasce a ideia de que características biológicas – determinismo biológico – ou condições climáticas e/ou ambientais – determinismo geográfico – seriam capazes de explicar as diferenças morais, psicológicas e intelectuais entre as diferentes *raças*. Desse modo, a pele não branca e o clima tropical favoreceriam o surgimento de *comportamentos imorais, lascivos* e *violentos*, além de indicarem *pouca inteligência*. Por essa razão, Arthur de Gobineau recomendou evitar a "mistura de raças", pois o mestiço tendia a ser o mais "degenerado". Esse tipo de pensamento, identificado como *racismo científico*, obteve enorme repercussão e prestígio nos meios acadêmicos e políticos do século XIX, como demonstram, além das de Arthur de Gobineau, as obras de Cesare Lombroso, Enrico Ferri e, no Brasil, Silvio Romero e Raimundo Nina Rodrigues.[13]

É importante lembrar que nesse mesmo século a primeira grande crise do capitalismo, em 1873, levou as grandes potências mundiais da época ao *imperialismo* e, consequentemente, ao *neocolonialismo*, que resultou na invasão e divisão do território da África, nos termos da Conferência de Berlim de 1884. Ideologicamente, o neocolonialismo assentou-se no discurso da *inferioridade racial dos povos colonizados* que, segundo seus formuladores, estariam fadados à desorganização política e ao subdesenvolvimento.

Ellen Meiksins Wood identifica a peculiaridade do "racismo moderno" justamente em sua ligação com o colonialismo:

> O racismo moderno é diferente, uma concepção mais viciosamente sistemática de inferioridade intrínseca e natural, que surgiu no final do século XVII ou início do século XVIII, e culminou no século XIX, quando adquiriu o reforço pseudo-científico de teorias biológicas de raça, e continuou a servir como apoio ideológico para opressão colonial mesmo depois da abolição da escravidão.[14]

Desse modo, pode-se concluir que, por sua conformação histórica, a raça opera a partir de dois registros básicos que se entrecruzam e complementam:[15]

> 1. *como característica biológica*, em que a identidade racial será atribuída por algum traço físico, como a cor da pele, por exemplo;
> 2. *como característica étnico-cultural*, em que a identidade será associada à origem geo-

gráfica, à religião, à língua ou outros costumes, "a uma certa forma de existir".[16]
À configuração de processos discriminatórios a partir do registro étnico-cultural
Frantz Fanon denomina *racismo cultural*.[17]

No século XX, parte da antropologia cons-
tituiu-se a partir do esforço de demonstrar a
autonomia das culturas e a inexistência de determinações biológicas ou culturais capazes de hierarquizar a moral, a cultura, a religião e os sistemas
políticos. A constatação é a de que não há nada na
realidade natural que corresponda ao conceito de
raça.[18] Os eventos da Segunda Guerra Mundial e o
genocídio perpetrado pela Alemanha nazista refor-
çaram o fato de que *a raça é um elemento essencialmente político*, sem qualquer sentido fora do âmbito
socioantropológico.

Ainda que hoje seja quase um lugar-comum a
afirmação de que a antropologia surgida no início
do século XX e a biologia – especialmente a partir
do sequenciamento do genoma – tenham há muito
demonstrado que não existem diferenças biológicas
ou culturais que justifiquem um tratamento discriminatório entre seres humanos, o fato é que a noção de
raça ainda é um fator político importante, utilizado
para naturalizar desigualdades e legitimar a segregação e o genocídio de *grupos sociologicamente considerados minoritários*.[19]

## Preconceito, racismo e discriminação

Apreendido o conceito de raça, já é possível falar de *racismo*, mas não sem antes diferenciar o racismo de outras categorias que também aparecem associadas à ideia de raça: *preconceito* e *discriminação*.

Podemos dizer que *o racismo é uma forma sistemática de discriminação que tem a raça como fundamento, e que se manifesta por meio de práticas conscientes ou inconscientes que culminam em desvantagens ou privilégios para indivíduos, a depender do grupo racial ao qual pertençam.*

Embora haja relação entre os conceitos, o racismo difere do *preconceito racial* e da *discriminação racial*. O *preconceito racial* é o *juízo baseado em estereótipos acerca de indivíduos que pertençam a um determinado grupo racializado, e que pode ou não resultar em práticas discriminatórias*. Considerar negros violentos e inconfiáveis, judeus avarentos ou orientais "naturalmente" preparados para as ciências exatas são exemplos de preconceitos.

A *discriminação racial*, por sua vez, *é a atribuição de tratamento diferenciado a membros de grupos racialmente identificados*. Portanto, a discriminação tem como requisito fundamental o *poder*, ou seja, a possibilidade efetiva do uso da força, sem o qual não é possível atribuir vantagens ou desvantagens por conta da raça. Assim, a discriminação pode ser *direta* ou *indireta*. A *discriminação direta* é o repúdio ostensivo a indivíduos ou grupos, motivado pela condição racial, exemplo do que ocorre em países que proíbem a entrada de negros, judeus, muçulmanos, pessoas de origem árabe ou persa, ou ainda lojas que se recusem a atender clientes de determinada raça. Adilson José Moreira afirma que o conceito de *discriminação direta* pressupõe que as pessoas são discriminadas a partir de um único vetor e também que a imposição de um tratamento desvantajoso requer a existência da intenção de discriminar".[20] Por isso, conclui Moreira que o conceito de *discriminação direta* é "incompleto" para lidar com a complexidade do fenômeno da discriminação.[21]

Já a *discriminação indireta* é um processo em que a situação específica de grupos minoritários é ignorada – *discriminação de fato* –, ou sobre a qual são impostas regras de "neutralidade racial" – *colorblindness*[22] – sem que se leve em conta a existência de diferenças *sociais significativas* – discriminação pelo direito ou discriminação por impacto adverso. A *discriminação indireta* é

> [...] marcada pela ausência de intencionalidade explícita de discriminar pessoas. Isso pode acontecer porque a norma ou prática não leva em consideração ou não pode prever de forma concreta as consequências da norma.[23]

A consequência de práticas de *discriminação direta* e *indireta* ao longo do tempo leva à *estratificação social*, um fenômeno *intergeracional*, em que o percurso de vida de todos os membros de um grupo social – o que inclui as chances de ascensão social, de reconhecimento e de sustento material – é afetado.

Ainda sobre a discriminação, é importante dizer que é possível falar também em *discriminação positiva*, definida como a possibilidade de atribuição de tratamento diferenciado a grupos historicamente discriminados com o objetivo de corrigir desvantagens causadas pela *discriminação negativa* – a que causa prejuízos e desvantagens. Políticas de ação afirmativa – que estabelecem tratamento discriminatório a fim de corrigir ou compensar a desigualdade – são exemplos de *discriminação positiva*.[24]

Como dito acima, o racismo – que se materializa como discriminação racial – é definido por seu caráter *sistêmico*. Não se trata, portanto, de apenas um ato discriminatório ou mesmo de um conjunto de atos, mas de um *processo* em que condições de subalternidade e de privilégio que se distribuem entre grupos raciais se reproduzem nos âmbitos da política, da economia e das relações cotidianas. O racismo articula-se com a *segregação racial*, ou seja, a *divisão espacial de raças* em localidades específicas – bairros, guetos, bantustões, periferias etc. – e/ou à definição de estabelecimentos comerciais e serviços públicos – como escolas e hospitais – como de frequência exclusiva para membros de determinados grupos raciais, como são exemplos os regimes segregacionistas dos Estados Unidos, o *apartheid* sul-africano e, para autoras como Michelle Alexander[25] e Angela Davis,[26] o atual sistema carcerário estadunidense.

## Três concepções de racismo: individualista, institucional e estrutural

Nos debates sobre a questão racial podemos encontrar as mais variadas definições de racismo. A fim de apresentar os contornos fundamentais do debate de modo didático, classificamos em três as concepções de racismo: individualista, institucional e estrutural. A classificação aqui apresentada parte dos seguintes critérios:

a) relação entre racismo e subjetividade;
b) relação entre racismo e Estado;
c) relação entre racismo e economia.

Queremos desde já fazer um esclarecimento essencial para o percurso que faremos a partir de agora e que configura um dos pontos mais significativos deste livro. *Ao contrário de grande parte da literatura sobre o tema que utiliza os termos indistintamente, diferenciamos o racismo institucional do racismo estrutural. Não são a mesma coisa e descrevem fenômenos distintos.* A fim de que conceitos tenham alguma relevância científica e, consequentemente, possam servir como meios para que aspectos importantes da realidade concreta possam ser desvendados, é necessário que sejam tratados com o devido rigor. Nesse sentido, deve-se considerar que na sociologia os conceitos de *instituição* e *estrutura* são centrais e descrevem diferentes fenômenos sociológicos. Assim, *os adjetivos* institucional *e* estrutural *não são meramente alegóricos, mas representam dimensões específicas do racismo, com significativos impactos analíticos e políticos.*

## Concepção individualista

O racismo, segundo esta concepção, é concebido como uma espécie de "patologia" ou anormalidade. Seria um fenômeno ético ou psicológico de caráter individual ou coletivo, atribuído a grupos isolados; ou, ainda, seria o racismo uma "irracionalidade" a ser combatida no campo jurídico por meio da aplicação de sanções civis – indenizações, por exemplo – ou penais. Por isso, a concepção individualista pode não admitir a existência de "racismo", mas somente de "preconceito", a fim de ressaltar a natureza psicológica do fenômeno em detrimento de sua natureza política.

Sob este ângulo, *não haveria sociedades ou instituições racistas, mas indivíduos racistas, que agem isoladamente ou em grupo.* Desse modo, o racismo, ainda que possa ocorrer de maneira indireta, manifesta-se, principalmente, na forma de discriminação direta. Por tratar-se de algo ligado ao comportamento, a educação e a conscientização sobre os males do racismo, bem como o estímulo a mudanças culturais, serão as principais formas de enfrentamento do problema.

RACISMO ESTRUTURAL
Silvio Almeida

O racismo é uma imoralidade e também um crime, que exige que aqueles que o praticam sejam devidamente responsabilizados, disso estamos convictos. Porém, não podemos deixar de apontar o fato de que a *concepção individualista*, por ser frágil e limitada, tem sido a base de análises sobre o racismo absolutamente carentes de história e de reflexão sobre seus efeitos concretos. É uma concepção que insiste em flutuar sobre uma fraseologia moralista inconsequente – "racismo é errado", "somos todos humanos", "como se pode ser racista em pleno século XXI?", "tenho amigos negros" etc. – e uma obsessão pela legalidade. No fim das contas, quando se limita o olhar sobre o racismo a aspectos comportamentais, deixa-se de considerar o fato de que as maiores desgraças produzidas pelo racismo foram feitas sob o abrigo da legalidade e com o apoio moral de líderes políticos, líderes religiosos e dos considerados "homens de bem".

## Concepção institucional

A concepção institucional significou um importante avanço teórico no que concerne ao estudo das relações raciais. Sob esta perspectiva, o racismo não se resume a comportamentos individuais, mas é tratado como o resultado do funcionamento das instituições, que passam a atuar em uma dinâmica que confere, ainda que indiretamente, desvantagens e privilégios com base na raça. Antes de entrarmos na expressão institucional do racismo, vamos entender um pouco mais o que são instituições.

Apesar de constituídas por formas econômicas e políticas gerais – mercadoria, dinheiro, Estado e direito –, cada sociedade em particular se manifesta de distintas maneiras. Por exemplo, dizer que as sociedades contemporâneas estão sob o domínio de um Estado não significa dizer que os Estados são todos iguais quando historicamente considerados. O Estado brasileiro não é igual ao Estado francês, embora ambos sejam formalmente Estados. É desse modo que podemos compreender que as formas sociais – dentre as quais o Estado – se materializam nas instituições.

As instituições são

> [...] modos de orientação, rotinização e coordenação de comportamentos que tanto orientam a ação social como a torna normalmente possível, proporcionando relativa estabilidade aos sistemas sociais.[27]

A estabilidade dos sistemas sociais depende da capacidade das instituições de absorver os conflitos e os antagonismos que são inerentes à vida social. Entenda-se *absorver* como *normalizar*, no sentido de estabelecer normas e padrões que orientarão a ação dos indivíduos. Em outras palavras, é no interior das regras institucionais que os indivíduos se tornam *sujeitos*, visto que suas ações e seus comportamentos são inseridos em um conjunto de significados previamente estabelecidos pela estrutura social. Assim, as instituições moldam o comportamento humano, tanto do ponto de vista das decisões e do cálculo racional, como dos sentimentos e preferências.[28]

As sociedades não são homogêneas, visto que são marcadas por conflitos, antagonismos e contradições que não são eliminados, mas *absorvidos* e mantidos sob controle por meios institucionais, como é exemplo o funcionamento do "sistema de justiça". Se é correta a afirmação de que as instituições são a materialização das determinações formais da vida social, pode-se tirar duas conclusões:

> a) instituições, enquanto o somatório de normas, padrões e técnicas de controle que condicionam o comportamento dos indivíduos, resultam dos conflitos e das lutas pelo monopólio do poder social;
> b) as instituições, como parte da sociedade, também carregam em si os conflitos existentes na sociedade. Em outras palavras, as instituições também são atravessadas internamente por lutas entre indivíduos e grupos que querem assumir o controle da instituição.

Assim, a principal tese dos que afirmam a existência de racismo institucional é que os conflitos raciais também são parte das instituições. Assim, a desigualdade racial é uma característica da sociedade não apenas por causa da ação isolada de grupos ou de indivíduos racistas, mas fundamentalmente porque as instituições são hegemonizadas por determinados grupos raciais que utilizam mecanismos institucionais para impor seus interesses políticos e econômicos.

O que se pode verificar até então é que a concepção institucional do racismo trata o poder como elemento central da relação racial. Com efeito, o racismo é dominação. É, sem dúvida, um salto qualitativo quando se compara com a limitada análise de ordem comportamental presente na concepção individualista.

Assim, detêm o poder os grupos que exercem o domínio sobre a organização política e econômica da sociedade. Entretanto, a manutenção desse poder adquirido depende da capacidade do grupo dominante de institucionalizar seus interesses, impondo a toda sociedade regras, padrões de condutas e modos de racionalidade que tornem "normal" e "natural" o seu domínio.

No caso do racismo institucional, o domínio se dá com o estabelecimento de parâmetros discriminatórios baseados na raça, que servem para manter a hegemonia do grupo racial no poder. Isso faz com que a cultura, os padrões estéticos e as práticas de poder de um determinado grupo tornem-se o horizonte civilizatório do conjunto da sociedade. Assim, o domínio de homens brancos em instituições públicas – o legislativo, o judiciário, o ministério público, reitorias de universidades etc. – e instituições privadas – por exemplo, diretoria de empresas – depende, em primeiro lugar, da existência de regras e padrões que direta ou indiretamente dificultem a ascensão de negros e/ou mulheres, e, em segundo lugar, da inexistência de espaços em que se discuta a desigualdade racial e de gênero, naturalizando, assim, o domínio do grupo formado por homens brancos.

O uso do termo *hegemonia* não é acidental, uma vez que o grupo racial no poder enfrentará resistências. Para lidar com os conflitos, o grupo dominante terá de assegurar o controle da instituição, e não somente com o uso da violência, mas pela produção de consensos sobre a sua dominação. Desse modo, concessões terão de ser feitas para os grupos subalternizados a fim de que questões essenciais como o controle da economia e das decisões fundamentais da política permaneçam no grupo hegemônico.

O efeito disso é que o racismo pode ter sua forma alterada pela ação ou pela omissão dos poderes institucionais – Estado, escola etc. –, que podem tanto modificar a atuação dos mecanismos discriminatórios, como também estabelecer novos significados para a raça, inclusive atribuindo certas vantagens sociais a membros de grupos raciais historicamente discriminados. Isso demonstra que, na visão institucionalista, o racismo não se separa de um projeto político e de condições socioeconômicas específicas. Os conflitos intra e interinstitucionais podem levar a alterações no modo de funcionamento da instituição, que, para continuar estável, precisa contemplar as demandas e os interesses dos grupos sociais que não estão no controle.

Desse modo, os conflitos e os antagonismos que afetam a instituição podem resultar em uma reforma que provocará a alteração das regras, dos padrões de funcionamento e da atuação institucional. Um exemplo dessa mudança institucional são as políticas de ação afirmativa, cujo objetivo é, *grosso modo*, aumentar a representatividade de minorias raciais e alterar a lógica discriminatória dos processos institucionais. Sabe-se que as políticas de ação afirmativa, apesar de seu longo histórico de implantação e de seu reconhecimento jurídico e político, ainda motivam grandes controvérsias dentro e fora das instituições em que são implementadas. Isso apenas comprova que:

> a) as instituições são conflituosas e sua coesão depende da capacidade de absorver conflitos, tanto ideológica quanto repressivamente;
> b) a instituição precisa se reformar para se adaptar à dinâmica dos conflitos sociais, o que implica alterar suas próprias regras, padrões e mecanismos de intervenção.

### Black power e racismo institucional

Este livro não estaria completo se não mencionasse a primeira obra a usar o adjetivo *institucional* para se referir ao racismo: *Black Power: Politics of*

*Liberation in America*, de Charles V. Hamilton e
Kwame Ture (nome africano adotado por Stokely
Carmichael). Os autores, tendo por base a sociedade
estadunidense, propõem um rompimento com as
análises que restringem o racismo a comportamentos
individuais. No livro, o racismo é definido como "a
aplicação de decisões e políticas que consideram a
raça com o propósito de subordinar um grupo racial
e manter o controle sobre esse grupo".[29] Após essa
definição, os autores afirmam que o racismo é "tanto
evidente como dissimulado". Marca-se, portanto,
uma importante separação entre o racismo individual, que corresponde a "indivíduos brancos agindo
contra indivíduos negros", e o racismo institucional,
que se manifesta nos "atos de toda a comunidade
branca contra a comunidade negra".[30]

O racismo individual, dizem os autores,

> [...] consiste em atos evidentes de indivíduos,
> que causam morte, ferimentos ou a destrui-
> ção violenta de propriedades. Este tipo pode
> ser gravado por câmeras de televisão; pode
> frequentemente ser observado no momento
> em que ocorre.[31]

Já o racismo institucional é "menos evidente, muito
mais sutil, menos identificável em termos de indivíduos
específicos que cometem os atos". Porém, alertam
os autores para o fato de que o racismo institucional
"não é menos destrutivo da vida humana". O racismo

institucional se "origina na operação de forças estabelecidas e respeitadas na sociedade e, portanto, recebe muito menos condenação pública do que o primeiro tipo".[32]

O exemplo contido na obra de Hamilton e Ture é bastante elucidativo de como a concepção institucional do racismo opera de maneira diversa do racismo quando visto sob o prisma individualista:

> Quando terroristas brancos bombardeiam uma igreja negra e matam cinco crianças negras, isso é um ato de racismo individual, amplamente deplorado pela maioria dos segmentos da sociedade. Mas quando nessa mesma cidade – Birmingham, Alabama – quinhentos bebês negros morrem a cada ano por causa da falta de comida adequada, abrigos e instalações médicas, e outros milhares são destruídos e mutilados física, emocional e intelectualmente por causa das condições de pobreza e discriminação, na comunidade negra, isso é uma função do racismo institucional. Quando uma família negra se muda para uma casa em um bairro branco e é apedrejada, queimada ou expulsa, eles são vítimas de um ato manifesto de racismo individual que muitas pessoas condenarão – pelo menos em palavras. Mas é o racismo institucional que mantém os negros presos em favelas dilapidadas, sujeitas às pressões diárias de exploradores, comerciantes, agiotas e agentes imobiliários discriminatórios.[33]

A contribuição de Charles Hamilton e Kwame Ture é decisiva, na medida em que demonstra que o racismo é um dos modos pelo qual o Estado e as demais instituições estendem o seu poder sobre toda a sociedade. As relações raciais, particularmente nos Estados Unidos – realidade analisada pelos autores – não seria um "dilema",[34] porque os brancos não se encontram "dilacerados e torturados pelo conflito entre sua devoção ao credo americano e seu comportamento real".[35] Não existe dilema americano no que tange às relações raciais porque, segundo os autores, os negros estadunidenses, apesar de formalmente cidadãos dos Estados Unidos, não deixam de ser sujeitos coloniais em relação à sociedade branca. O racismo institucional, na visão de Hamilton e Ture, é uma versão peculiar do colonialismo.[36]

Outro ponto a ser evidenciado no livro, e que viria a se tornar um destaque nos estudos sobre o caráter institucional do racismo, é a ideia de que as instituições são fundamentais para a consolidação de uma supremacia branca ou, dito de maneira mais ampla, da supremacia de um determinado grupo racial. Dizem os autores que "a comunidade negra foi criada e dominada por uma combinação de forças opressoras e interesses específicos na comunidade branca".[37] A afirmação dos autores não pode ser entendida como se houvesse uma ação deliberada de todos os brancos contra os negros, pois isto colocaria novamente o racismo no campo comportamental, ainda que um comportamento de grupo. O que os autores destacam é o fato de que as instituições atuam na formulação de regras e imposição de padrões sociais que atribuem privilégios a um determinado grupo racial, no caso, os brancos. E um exemplo disso é a exigência de "boa aparência" para se candidatar a uma vaga de emprego, que simultaneamente é associada a características estéticas próprias de pessoas brancas.[38] Ou seja, no caso do racismo antinegro, as pessoas brancas, de modo deliberado ou não, são beneficiárias das condições criadas por uma sociedade que se organiza baseando-se em normas e padrões prejudiciais à população negra.

Por este motivo, Hamilton e Ture chamam atenção para o fato de que sempre que "a demanda negra por mudança se torna forte", ou seja, sempre que as normas e padrões que constituem a supremacia branca for desafiada, a indiferença em relação às precárias condições de vida da população negra será substituída por uma oposição ativa "baseada no medo e no interesse próprio".[39]

## Concepção estrutural

O conceito de racismo institucional foi um enorme avanço no que se refere ao estudo das relações raciais. Primeiro, ao demonstrar que o racismo transcende o âmbito da ação individual, e, segundo, ao frisar a dimensão do poder como elemento constitutivo das relações raciais, não somente o poder de um indivíduo de uma raça sobre outro, mas de um grupo sobre outro, algo possível quando há o controle direto ou indireto de determinados grupos sobre o aparato institucional.

Entretanto, algumas questões ainda persistem. Vimos que as instituições reproduzem as condições para o estabelecimento e a manutenção da ordem social. Desse modo, se é possível falar de um racismo institucional, significa que a imposição de regras e padrões racistas por parte da instituição é de alguma maneira vinculada à ordem social que ela visa resguardar. Assim como a instituição tem sua atuação condicionada a uma estrutura social previamente existente – com todos os conflitos que lhe são inerentes –, o racismo que essa instituição venha a expressar é também parte dessa mesma estrutura. As instituições são apenas a materialização de uma estrutura social ou de um modo de socialização que tem o racismo como um de seus componentes orgânicos. Dito de modo mais direto: as instituições são racistas porque a sociedade é racista.

Esta frase aparentemente óbvia tem uma série de implicações. A primeira é a de que, se há instituições cujos padrões de funcionamento redundam em regras que privilegiem determinados grupos raciais, é porque o racismo é parte da ordem social. Não é algo criado pela instituição, mas é por ela reproduzido. Mas que fique a ressalva já feita: a estrutura social é constituída por inúmeros conflitos – de classe,

raciais, sexuais etc. –, o que significa que as instituições também podem atuar de maneira conflituosa,
posicionando-se dentro do conflito. Em uma sociedade
em que o racismo está presente na vida cotidiana, as
instituições que não tratarem de maneira ativa e como
um problema a desigualdade racial irão facilmente
reproduzir as práticas racistas já tidas como "normais"
em toda a sociedade. É o que geralmente acontece nos
governos, empresas e escolas em que não há espaços
ou mecanismos institucionais para tratar de conflitos
raciais e sexuais. Nesse caso, as relações do cotidiano
no interior das instituições vão reproduzir as práticas
sociais corriqueiras, dentre as quais o racismo, na forma
de violência explícita ou de microagressões – piadas,
silenciamento, isolamento etc. Enfim, sem nada fazer,
toda instituição irá se tornar uma correia de trans-
missão de privilégios e violências racistas e sexistas. De
tal modo que, se o racismo é inerente à ordem social, a
única forma de uma instituição combatê-lo é por meio
da implementação de práticas antirracistas efetivas. É
dever de uma instituição que realmente se preocupe
com a questão racial investir na adoção de políticas
internas que visem:

> a) promover a igualdade e a diversidade em
> suas relações internas e com o público exter-
> no – por exemplo, na publicidade;
> b) remover obstáculos para a ascensão de mi-
> norias em posições de direção e de prestígio
> na instituição;

c) manter espaços permanentes para debates e eventual revisão de práticas institucionais;
d) promover o acolhimento e possível composição de conflitos raciais e de gênero.

A segunda consequência é que o racismo não se limita à *representatividade*. Ainda que essencial, a mera presença de pessoas negras e outras minorias em espaços de poder e decisão não significa que a instituição deixará de atuar de forma racista. A ação dos indivíduos é orientada, e muitas vezes só é possível por meio das instituições, sempre tendo como pano de fundo os princípios estruturais da sociedade, como as questões de ordem política, econômica e jurídica. Isso nos leva a mais duas importantes e polêmicas questões:

1. a supremacia branca no controle institucional é realmente um problema, na medida em que a ausência de pessoas não brancas em espaços de poder e prestígio é um sintoma de uma sociedade desigual e, particularmente, racista. Portanto, é fundamental para a luta antirracista que pessoas negras e outras minorias estejam representadas nos espaços de poder, seja por motivos econômicos e políticos, seja por motivos éticos. Mas seria tal medida suficiente? É uma prática antirracista efetiva manter alguns poucos negros em espaços de poder sem que haja um compromisso com a criação de mecanismos institucionais efetivos de promoção da igualdade?

2. a liderança institucional de pessoas negras basta quando não se tem poder real, projetos e/ou programas que possam de fato incidir sobre problemas estruturais, como as questões da ordem da economia, da política e do direito?

Em resumo: o racismo é uma decorrência da própria estrutura social, ou seja, do modo "normal" com que se constituem as relações políticas, econômicas, jurídicas e até familiares, não sendo uma patologia social e nem um desarranjo institucional. O racismo é estrutural.[40] Comportamentos individuais e processos institucionais são derivados de uma sociedade cujo racismo é regra e não exceção. O racismo é parte de um processo social que ocorre "pelas costas dos indivíduos e lhes parece legado pela tradição".[41] Nesse caso, além de medidas que coíbam o racismo individual e institucionalmente, torna-se imperativo refletir sobre mudanças profundas nas relações sociais, políticas e econômicas.

A viabilidade da reprodução sistêmica de práticas racistas está na organização política, econômica e jurídica da sociedade. O racismo se expressa concretamente como desigualdade política, econômica e jurídica. Porém o uso do termo "estrutura" não significa dizer que o racismo seja uma condição incontornável e que ações e políticas institucionais antirracistas sejam inúteis; ou, ainda, que indivíduos que cometam atos discriminatórios não devam ser pessoalmente responsabilizados. Dizer isso seria negar os aspectos social, histórico e político do racismo. O que queremos enfatizar do ponto de vista teórico é que o racismo, como processo histórico e político, cria as condições sociais para que, direta ou indiretamente, grupos racialmente identificados sejam discriminados de forma sistemática. Ainda que os indivíduos que cometam atos racistas sejam responsabilizados, o olhar estrutural sobre as relações raciais nos leva a concluir que a responsabilização jurídica não é suficiente para que a sociedade deixe de ser uma máquina produtora de desigualdade racial.

A ênfase da análise estrutural do racismo não exclui os sujeitos racializados, mas os concebe como parte integrante e ativa de um sistema que, ao mesmo tempo que torna possíveis suas ações, é por eles criado e recriado a todo momento. O propósito desse olhar mais complexo é afastar análises superficiais ou reducionistas sobre a questão racial que, além de não contribuírem para o entendimento do problema, dificultam em muito o combate ao racismo. Como ensina Anthony Giddens, a estrutura "é viabilizadora, não apenas restritora", o que torna possível que as ações repetidas de muitos indivíduos transformem as estruturas sociais.[42] Ou seja, pensar o racismo como parte da estrutura não retira a responsabilidade individual sobre a prática de condutas racistas e não é um álibi para racistas. Pelo contrário: entender que o racismo é estrutural, e não um ato isolado de um indivíduo ou de um grupo, nos torna ainda mais responsáveis pelo combate ao racismo e aos racistas. Consciente de que o racismo é parte da estrutura social e, por isso, não necessita de intenção para se manifestar, por mais que calar-se diante do racismo não faça do indivíduo moral e/ou juridicamente culpado ou responsável, certamente o silêncio o torna ética e politicamente responsável pela manutenção do racismo. A mudança da sociedade não se faz apenas com denúncias ou com o repúdio moral do racismo: depende, antes de tudo, da tomada de posturas e da adoção de práticas antirracistas.

Assim sendo, raça é um conceito cujo significado só pode ser recolhido em perspectiva relacional. Ou seja, raça não é uma fantasmagoria, um delírio ou uma criação da cabeça de pessoas mal-intencionadas. É uma relação social, o que significa dizer que a raça se manifesta em atos concretos ocorridos no interior de uma estrutura social marcada por conflitos e antagonismos.

Diante do que foi visto até o momento, pode-se inferir que o racismo, *sob a perspectiva estrutural, pode ser desdobrado em processo político e processo histórico.*

### *Racismo como processo político*

O racismo é processo político. Político porque, como processo sistêmico de discriminação que influencia a organização da sociedade, depende de poder político; caso contrário seria inviável a discriminação sistemática de grupos sociais inteiros. Por isso, é absolutamente sem sentido a ideia de *racismo reverso*. O racismo reverso seria uma espécie de "racismo ao contrário", ou seja, um racismo das minorias dirigido às maiorias. Há um grande equívoco nessa ideia porque membros de grupos raciais minoritários podem até ser preconceituosos ou praticar discriminação, mas não podem impor desvantagens sociais a membros de outros grupos majoritários, seja direta, seja indiretamente. Homens brancos não perdem vagas de emprego pelo fato de serem brancos, pessoas brancas não são "suspeitas" de atos criminosos por sua condição racial, tampouco têm sua inteligência ou sua capacidade profissional questionada devido à cor da pele.

A própria ideia de racismo reverso é curiosa e nos mostra como muitas vezes nos detalhes moram as grandes questões. O termo "reverso" já indica que há uma inversão, algo fora do lugar, como se houvesse um jeito "certo" ou "normal" de expressão do racismo. Racismo é algo "normal" contra minorias – negros, latinos, judeus, árabes, persas, ciganos etc. – porém, fora destes grupos, é "atípico", "reverso". O que fica evidente é que a ideia de racismo reverso serve tão somente para deslegitimar as demandas por igualdade racial.

Racismo reverso nada mais é do que um discurso racista, só que pelo "avesso", em que a vitimização é a tônica daqueles que se sentem prejudicados pela perda de alguns privilégios, ainda que tais privilégios sejam apenas simbólicos e não se traduzam no poder de impor regras ou padrões de comportamento. A politicidade do racismo apresenta-se, basicamente, em duas dimensões:

a) dimensão institucional: por meio da regulação jurídica e extrajurídica, tendo o Estado como o centro das relações políticas da sociedade contemporânea. Somente o Estado pode criar os meios necessários – repressivos, persuasivos ou dissuasivos – para que o racismo e a violência sistêmica que ele engendra sejam incorporados às práticas cotidianas;

b) dimensão ideológica: como manter a coesão social diante do racismo? A política não se resume ao uso da força, como já dissemos. É fundamental que as instituições sociais, especialmente o Estado, sejam capazes de produzir narrativas que acentuem a unidade social, apesar de fraturas como a divisão de classes, o racismo e o sexismo. É parte da dimensão política e do exercício do poder a incessante apresentação de um imaginário social de unificação ideológica, cuja criação e recriação será papel do Estado, das escolas e universidades, dos meios de comunicação de massa e, agora, também das redes sociais e seus algoritmos. Veremos adiante que os chamados "nacionalismos" sempre tiveram

as classificações raciais como vetor importantíssimo de controle social.

## Racismo como processo histórico

Por ser processo estrutural, o racismo é também
processo histórico. Desse modo, não se pode
compreender o racismo apenas como derivação
automática dos sistemas econômico e político. A
especificidade da dinâmica estrutural do racismo
está ligada às peculiaridades de cada formação
social. De tal sorte, quanto ao processo histórico
também podemos dizer que o racismo se manifesta:

> a) de forma circunstancial e específica;
> b) em conexão com as transformações so-
> ciais.

Já ressaltamos anteriormente o fato de que,
apesar da determinação formal de aspectos como a
economia, o Estado e o direito (formas sociais),[43]
cada sociedade possui uma trajetória singular que
dará ao econômico, ao político e ao jurídico particularidades que só podem ser apreendidas quando
observadas as respectivas experiências históricas
(formações sociais).

O mesmo se passa com o racismo, porque
as características biológicas ou culturais só são
significantes de raça ou gênero em determinadas

circunstâncias históricas, portanto, políticas e econômicas. Daí a importância de se compreender o peso das classificações raciais, não apenas na moldura dos comportamentos individuais ou de grupos, mas na definição de estratégias políticas estatais e não estatais.

Os diferentes processos de formação nacional dos Estados contemporâneos não foram produzidos apenas pelo acaso, mas por projetos políticos. Assim, as classificações raciais tiveram papel importante para definir as hierarquias sociais, a legitimidade na condução do poder estatal e as estratégias econômicas de desenvolvimento.[44] Demonstra isso a existência de distintos modos de classificação racial: no Brasil, além da aparência física de ascendência africana, o pertencimento de classe explicitado na capacidade de consumo e na circulação social. Assim, a possibilidade de "transitar" em direção a uma estética relacionada à branquitude, e manter hábitos de consumo característicos da classe média, pode tornar alguém racialmente "branco". O mesmo não acontece nos Estados Unidos, cujo processo de classificação racial no bojo do processo de formação nacional conduziu o país a uma lógica distinta no que se refere à constituição identitária. A *one drop rule*, que significa "regra de uma gota de sangue", faz com que aqueles com "sangue negro" sejam assim considerados. São formas distintas de racialização, de exercício do poder e de reprodução da cultura, mas que demonstram à exaustão a importância das relações raciais para o estudo das sociedades.[45]

Nos próximos capítulos, falaremos sobre quatro elementos que consideramos o cerne da manifestação estrutural do racismo: a ideologia, a política, o direito e a economia. Nossa tese é que o estudo do racismo não deve ser desvinculado de uma análise sobre esses quatro elementos, mas o que sustentamos aqui vai também no sentido oposto: *a ideologia, a política, o direito e a economia não devem prescindir do estudo do racismo*. Portanto, a divisão da análise do racismo em quatro elementos estruturais é feita apenas para fins expositivos, dado que estamos tratando de um fenômeno social complexo. Em um mundo em que a raça define a vida e a morte, não a tomar como elemento de análise das grandes questões contemporâneas demonstra a falta de compromisso com a ciência e com a resolução das grandes mazelas do mundo.

# RACISMO E IDEOLOGIA

## COMO NATURALIZAMOS O RACISMO?

Desde que comecei a integrar as ações do movimento negro e a estudar a fundo as relações raciais, passei a prestar atenção ao número de pessoas negras nos ambientes que frequento, e que papel desempenham. Nos ambientes acadêmicos e próprios ao exercício da advocacia percebi que, na grande maioria das vezes, eu era uma das poucas pessoas negras, senão a única, na condição de advogado e de professor.

Entretanto, essa percepção se altera completamente quando, nesses mesmos ambientes, olho para os trabalhadores da segurança e da limpeza: a maior parte negros e negras como eu, todos uniformizados, provavelmente mal remunerados, quase imperceptíveis aos que não foram "despertados" para as questões raciais como eu fui.

Essa segregação não oficial entre negros e brancos que vigora em certos espaços sociais desafia as mais diversas explicações. Eis algumas delas:

1. pessoas negras são menos aptas para a vida acadêmica e para a advocacia;
2. pessoas negras, como todas as outras pessoas, são afetadas por suas escolhas individuais, e sua condição racial nada tem a ver com a situação socioeconômica;
3. pessoas negras, por fatores históricos, têm menos acesso à educação e, por isso, estão alocadas em trabalhos menos qualificados, os quais, consequentemente, são mal remunerados;
4. pessoas negras estão sob o domínio de uma supremacia branca politicamente construída e que está presente em todos os espaços de poder e de prestígio social.

As duas primeiras explicações são racistas. A primeira é abertamente racista, pois impinge uma espécie de inferioridade natural a pessoas negras. A segunda é veladamente racista, e afirma, ainda que indiretamente, que pessoas negras são culpadas pelas próprias mazelas. Já a terceira e a quarta trazem o que poderíamos chamar de *meias-verdades*. De fato, negros e negras são considerados o conjunto da população brasileira, apresentam menor índice de escolaridade e, sim, o sistema político e econômico privilegia pessoas consideradas brancas. Mas o que as explicações três e quatro não mostram é o motivo pelo qual pessoas não brancas têm menos acesso à educação e como e por que pessoas brancas obtêm vantagens e privilégios sociais.

Todavia, por mais que sejam bastante diferentes umas das outras, as tentativas acima de explicar a desigualdade racial têm em comum o fato de que são o resultado de elaborações intelectuais que em determinados momentos ganharam até mesmo o *status* de ciência. Mesmo hoje, quando as teorias racistas estão desmoralizadas nos meios acadêmicos e nos círculos intelectuais que as gestaram, na cultura popular ainda é possível ouvir sobre a inaptidão dos negros para certas tarefas que exigem preparo intelectual, senso de estratégia e autoconfiança como professor, médico, advogado, goleiro, técnico de futebol ou administrador.

As constatações acima nos levam a algumas questões importantes. A primeira delas é saber como as ideias acima são criadas e difundidas, tornando-se fundamentais para justificar, minimizar ou denunciar a desigualdade racial. Já a segunda, e talvez a mais intrigante, está em saber como eu, mesmo sendo um homem negro, só fui "despertado" para a desigualdade racial ao meu redor pela atividade política e pelos estudos. O que me impedia de perceber essa realidade? O que me levava a "naturalizar" a ausência de pessoas negras em escritórios de advocacia, tribunais, parlamentos, cursos de medicina e bancadas de telejornais? O que nos leva – ainda que negros e brancos não racistas – a "normalizar" que pessoas negras sejam a grande maioria em trabalhos precários e insalubres, presídios e morando sob marquises e em calçadas? Por que nos causa a impressão de que as coisas estão "fora do lugar" ou "invertidas" quando avistamos um morador de rua branco, loiro e de olhos azuis ou nos deparamos com um médico negro?

Todas essas questões só podem ser respondidas se compreendermos que *o racismo, enquanto processo político e histórico, é também um processo de constituição de subjetividades, de indivíduos cuja consciência e afetos estão de algum modo conectados com as práticas sociais*. Em outras palavras, o racismo só consegue se perpetuar se for capaz de:

1. produzir um sistema de ideias que forneça uma explicação "racional" para a desigualdade racial;
2. constituir sujeitos cujos sentimentos não sejam profundamente abalados diante da discriminação e da violência racial e que considerem "normal" e "natural" que no mundo haja "brancos" e "não brancos".

## RACISMO, IDEOLOGIA E ESTRUTURA SOCIAL

Se por "ideologia" entende-se uma visão falseada, ilusória e mesmo fantasiosa da realidade, o problema do racismo como ideologia se conecta com a concepção individualista do racismo. Desse modo, já que o racismo é tido como uma espécie de equívoco, para opor-se a ele bastaria apresentar a verdade do conhecimento filosófico ou científico, cujas conclusões apontariam a inexistência de raças e, por consequência, a falta de fundamento ou irracionalidade de todas as teorias e práticas discriminatórias.

Entretanto, para as visões que consideram o racismo um fenômeno institucional e/ou estrutural, mais do que a consciência, *o racismo como ideologia molda o inconsciente*. Dessa forma, a ação dos indivíduos, ainda que conscientes, "se dá em uma moldura de sociabilidade dotada de constituição historicamente inconsciente".[46] Ou seja, a vida cultural e política no interior da qual os indivíduos se reconhecem enquanto sujeitos autoconscientes e onde formam os seus afetos é constituída por padrões de clivagem racial inseridos no imaginário e em práticas sociais cotidianas.[47] Desse modo, a vida "normal", os afetos e as "verdades" são, inexoravelmente, perpassados pelo racismo, que não depende de uma ação consciente para existir.

Pessoas racializadas são formadas por condições estruturais e institucionais. Nesse sentido, podemos dizer que é o racismo que cria a raça e os sujeitos racializados. Os privilégios de ser considerado branco não dependem do indivíduo socialmente branco reconhecer-se ou assumir-se como branco, e muito menos de sua disposição em obter a vantagem que lhe é atribuída por sua raça.

O racismo constitui todo um complexo imaginário social que a todo momento é reforçado pelos meios de comunicação, pela indústria cultural e pelo sistema educacional. Após anos vendo telenovelas brasileiras, um indivíduo vai acabar se convencendo de que mulheres negras têm uma vocação natural para o trabalho doméstico, que a personalidade de homens negros oscila invariavelmente entre criminosos e pessoas profundamente ingênuas, ou que homens brancos sempre têm personalidades complexas e são líderes natos, meticulosos e racionais em suas ações. E a escola reforça todas essas percepções ao apresentar um mundo em que negros e negras não têm muitas contribuições importantes para a história, literatura, ciência e afins, resumindo-se a comemorar a própria libertação graças à bondade de brancos conscientes.

Apesar das generalizações e exageros, poder-se-ia dizer que a realidade confirmaria essas representações imaginárias da situação dos negros. De fato, a maioria das domésticas são negras, a maior parte das pessoas encarceradas é negra e as posições de liderança nas empresas e no governo geralmente estão nas mãos de homens brancos.

Então, não estariam os programas de televisão, as capas de revistas e os currículos escolares somente retratando o que de fato é a realidade? Na verdade, o que nos é apresentado não é a realidade, mas uma representação do imaginário social acerca de pessoas negras. *A ideologia, portanto, não é uma representação da*

*realidade material, das relações concretas, mas a represen-*
*tação da relação que temos com essas relações concretas.*

Dizer que nossa visão sobre a sociedade não é um reflexo da realidade social, mas a representação de nossa relação com a realidade, faz toda a diferença. Isso faz da ideologia mais do que um produto do imaginário; a ideologia é, antes de tudo, uma prática. Para nos convencermos de que existem lugares de negro e lugares de branco na sociedade, ou no mínimo não nos espantarmos com essa constatação, não basta ler os livros de autores racistas como Gobineau, Nina Rodrigues ou Oliveira Vianna. É necessário, por exemplo, que, ao frequentar a escola, as lições desses autores racistas sejam acompanhadas de uma realidade em que os professores sejam brancos, os alunos sejam brancos e as pessoas consideradas importantes sejam igualmente brancas. Da mesma forma, o imaginário em torno do negro criminoso representado nas novelas e nos meios de comunicação não poderia se sustentar sem um sistema de justiça seletivo, sem a criminali- zação da pobreza e sem a chamada "guerra às drogas", que, na realidade, é uma guerra contra os pobres e, particularmente, contra as populações negras. Não seria exagero dizer que o sistema de justiça é um dos mecanismos mais eficientes na criação e reprodução da raça e de seus múltiplos significados. Ademais, a própria indiferença teórica sobre a desigualdade racial nos campos político e econômico é fundamental para constituir um imaginário racista, pois, assim, sem críticas ou questionamentos, a discriminação racial ocorrida nas relações concretas aparecerá à consciência como algo absolutamente "normal" e corriqueiro.

O racismo é uma ideologia, desde que se considere que toda ideologia só pode subsistir se estiver ancorada em práticas sociais concretas.[48] Mulheres negras são consideradas pouco capazes porque existe todo um sistema econômico, político e jurídico que perpetua essa condição de subalternidade, mantendo-as com baixos salários, fora dos espaços de decisão, expostas a todo tipo de violência. Caso a representação das mulheres negras não resultasse de práticas efetivas de discriminação, toda vez que uma mulher negra fosse representada em lugares subalternos e de pouco prestígio social haveria protestos e, se fossem obras artísticas, seriam categorizadas como peças de fantasia.[49]

Mas há outro ponto a ser considerado. O significado das práticas discriminatórias pelas quais o racismo se realiza é dado pela ideologia. Nossa relação com a vida social é mediada pela ideologia, ou seja, pelo imaginário que é reproduzido pelos meios de comunicação, pelo sistema educacional e pelo sistema de justiça em consonância com a realidade. Assim, uma pessoa não nasce branca ou negra, mas torna-se a partir do momento em que seu corpo e sua mente são conectados a toda uma rede de sentidos compartilhados coletivamente, cuja existência antecede a formação de sua consciência e de seus afetos.

Pessoas negras, portanto, podem reproduzir em seus comportamentos individuais o racismo de que são as maiores vítimas. Submetidos às pressões de uma estrutura social racista, o mais comum é que o negro e a negra internalizem a ideia de uma sociedade dividida entre negros e brancos, em que brancos mandam e negros obedecem. Somente a reflexão crítica sobre a sociedade e sobre a própria condição pode fazer um indivíduo, mesmo sendo negro, enxergar a si próprio e ao mundo que o circunda para além do imaginário racista. Se boa parte da sociedade vê o negro como suspeito, se o negro aparece na TV como suspeito, se poucos elementos fazem crer que negros sejam outra coisa a não ser suspeitos, é de se esperar que pessoas negras também achem negros suspeitos, especialmente quando fazem parte de instituições estatais encarregadas da repressão, como é o caso de policiais negros.

Stokely Carmichael, ao mencionar uma experiência pessoal, fala sobre como o racismo afeta a imagem que negros e negras têm de si:

> Lembro-me de que, quando era garoto, costumava ver os filmes do Tarzan no sábado. O Tarzan branco costumava bater nos nativos pretos. Eu ficava sentado gritando: "mate essas bestas, mate esses selvagens, mate-os!". Eu estava dizendo: "Mate-me!". Era como se um menino judeu assistisse aos nazistas levando judeus para campos de concentração e isso o

alegrasse. Hoje, eu quero que o nativo vença o maldito Tarzan e o envie de volta à Europa. Mas é preciso tempo para se libertar das mentiras e seus efeitos destrutivos nas mentes pretas. Leva tempo para rejeitar a mentira mais importante: que as pessoas pretas inerentemente não podem fazer as mesmas coisas que as pessoas brancas podem fazer a menos que as pessoas brancas as ajudem.[50]

## RACISMO, CIÊNCIA E CULTURA

Outra consequência do tratamento estrutural do racismo é a rejeição de que o sistema de ideias racistas se nutra apenas de irracionalismos. Por certo o folclore, os "lugares-comuns", os "chistes", as piadas e os misticismos são importantes veículos de propagação do racismo, pois é por meio da cultura popular que haverá a naturalização da discriminação no imaginário social. Mas, como afirmam Étienne Balibar e Immanuel Wallerstein, "não há racismo sem teoria" e, por isso, "seria completamente inútil perguntar-se se as teorias racistas procedem das elites ou das massas, das classes dominantes ou das classes dominadas".[51] De fato, tão importantes quanto as narrativas da cultura popular na produção do imaginário, são as teorias filosóficas e científicas. É o que nos mostra Stephen Jay Gould em seu *A falsa medida do homem*, livro clássico de contestação ao determinismo biológico que procura demonstrar que a ciência, "ao conceber a abstração da inteligência como entidade única, localizada no cérebro, quantificada na forma de um número único para cada indivíduo" e utilizar esses números na hierarquização das pessoas numa escala única de méritos, levou à conclusão de que "os grupos oprimidos e em desvantagem – raças, classes ou sexos – são inatamente inferiores e merecem ocupar essa posição". Para Gould, "vivemos num mundo de diferenças e predileções humanas, mas extrapolar esses fatos para transformá-los em teorias de limites rígidos constitui ideologia".[52]

A ciência tem o poder de produzir um discurso de autoridade, que poucas pessoas têm a condição de contestar, salvo aquelas inseridas nas instituições em que a ciência é produzida. Isso menos por uma questão de capacidade, e mais por uma questão de autoridade. É da natureza da ciência produzir um discurso autorizado sobre a verdade. A propósito, a reflexão de Eginardo Pires, para quem

> [...] uma ideologia conservadora impera não apenas pela força de seus argumentos, mas também pelos recursos materiais de que dispõem as forças a quem ela serve, quando se trata de excluir ou limitar a presença dos que sustentam teses opostas, nos lugares onde se realiza a atividade social de produção e difusão de conhecimentos.[53]

Por isso, não se pode desprezar a importância dos filósofos e cientistas para construção do colonialismo, do nazismo e do *apartheid*. O racismo é, no fim das contas, um sistema de racionalidade, como nos ensina o mestre Kabengele Munanga ao afirmar que o "preconceito" não é um problema de ignorância, mas de algo que tem sua racionalidade embutida na própria ideologia.[54]

No caso do Brasil, o racismo contou com a inestimável participação das faculdades de medicina, das escolas de direito e dos museus de história natural, como nos conta Lilia Schwarcz em seu livro *O espetáculo das raças*.[55] Já no século XX, na esteira do Estado Novo, o discurso socioantropológico da democracia racial brasileira seria parte relevante desse quadro em que cultura popular e ciência fundem-se num sistema de ideias que fornece um sentido amplo para práticas racistas já presentes na vida cotidiana. No fim das contas, ao contrário do que se poderia pensar, a educação pode aprofundar o racismo na sociedade.[56]

Sobre o racismo científico e a relação entre raça e biologia, o desenvolvimento do capitalismo e os avanços tecnológicos da sociedade industrial fizeram emergir um tratamento mais sutil, mais "fino", da questão racial, como nos demonstra Fanon em "Racismo e cultura".[57]

A substituição do racismo científico e do discurso da inferioridade das raças pelo "relativismo cultural" e pelo "multiculturalismo" não se explica por uma "revolução interior" ou por uma "evolução do espírito", mas por mudanças na estrutura econômica e política que exigem formas mais sofisticadas de dominação. O incremento das técnicas de exploração econômica é acompanhado de uma evolução das técnicas de violência e opressão, dentre as quais, o racismo.

Como ensina Fanon,

> [...] a evolução das técnicas de produção, a industrialização, aliás limitada, dos países escravizados, a existência cada vez mais necessária de colaboradores impõem ao ocupante uma nova atitude. A complexidade dos meios de produção, a evolução das relações econômicas, que, quer se queira quer não, arrasta consigo a das ideologias, desequilibram o sistema. O racismo vulgar na sua forma biológica corresponde ao período de exploração brutal dos braços e pernas do homem. A perfeição dos meios de produção provoca fatalmente a camuflagem das técnicas de exploração do homem, logo, das formas de racismo.[58]

Em uma sociedade que se apresenta como globalizada, multicultural e constituída de mercados livres, "o racismo já não ousa se apresentar sem disfarces".[59] É desse modo que o racismo passa da destruição das culturas e dos corpos com ela identificados para a domesticação de culturas e de corpos. Por constituir-se da incerteza e da indeterminação, é certo que o racismo pode, a qualquer momento, descambar para a violência explícita, a tortura e o extermínio. Porém, assim que a superioridade econômica e racial foi estabelecida pela desumanização, o momento posterior da dinâmica do racismo é o do enquadramento do grupo discriminado em uma versão de humanidade que possa ser controlada, na forma do que podemos denominar de um *sujeito colonial*. Em vez de destruir a cultura, é mais inteligente determinar qual o seu valor e seu significado.

Para Fanon, nesse estágio "o rigor do sistema torna supérflua a afirmação cotidiana de uma superioridade".[60] O que Fanon chama de "rigor" pode ser entendido como a capacidade do sistema econômico e político absorver de modo cada vez mais eficiente os conflitos, inclusive os raciais. Mesmo que possam ser consideradas perigosas, pois oferecem possibilidades contestadoras de leitura de mundo e da ordem social vigente, as culturas negra ou indígena, por exemplo, não precisam ser eliminadas, desde que seja possível tratá-las como "exóticas". O exotismo confere valor à cultura, cujas manifestações serão integradas ao sistema na forma de mercadoria. Desse modo, o cinema, a literatura, a música e as artes plásticas não precisam negar a existência do racismo; pelo contrário, produções artísticas de grande repercussão tratam do racismo e do sofrimento por ele provocado de modo direto. Não é apenas extirpando a cultura que o racismo se apresenta, mas "desfigurando-a" para que a desigualdade e a violência apareçam de forma "estilizada", como "tema de meditação" ou "peça publicitária"[61], e possam assim ser integradas à normalidade da vida social.

A permanência do racismo exige, em primeiro lugar, a criação e a recriação de um imaginário social em que determinadas características biológicas ou práticas culturais sejam associadas à raça e, em segundo lugar, que a desigualdade social seja naturalmente atribuída à identidade racial dos indivíduos ou, de outro modo, que a sociedade se torne indiferente ao modo com que determinados grupos raciais detêm privilégios.

## BRANCO TEM RAÇA?

Muitas explicações sobre o racismo afirmam a existência de uma supremacia branca. A supremacia branca pode ser definida como a dominação exercida pelas pessoas brancas em diversos âmbitos da vida social. Essa dominação resulta de um sistema que por seu próprio modo de funcionamento atribui vantagens e privilégios políticos, econômicos e afetivos às pessoas brancas.

O problema de considerar o racismo como obra da supremacia branca ocorre quando se considera este termo fora de um contexto histórico. Não há uma essência branca impressa na alma de indivíduos de pele clara que os levaria a arquitetar sistemas de dominação racial. Pensar desse modo simplista e essencialista a questão racial pode conduzir-nos a uma série de equívocos que só tornam ainda mais difícil a desconstrução do racismo. Dizer que o racismo é resultado de uma a-histórica e fantasmagórica supremacia branca reduz o combate ao racismo a elementos retóricos, ocultando suas determinações econômicas e políticas.

Não se nega que uma das características do racismo é a dominação de um determinado grupo racial sobre outro, mas o problema está em saber como e em que circunstâncias essa dominação acontece. A ideia de supremacia branca pode ser útil para compreender o racismo se for tratada a partir do conceito de hegemonia e analisada pelas lentes das teorias críticas da *branquidade* ou *branquitude*.[62] A branquitude pode ser definida como

> [...] uma posição em que sujeitos que ocupam esta posição foram sistematicamente privilegiados no que diz respeito ao acesso a recursos materiais e simbólicos, gerados inicialmente pelo colonialismo e pelo imperialismo, e que se mantêm e são preservados na contemporaneidade.[63]

A supremacia branca é uma forma de hegemonia, ou seja, uma forma de dominação que é exercida não apenas pelo exercício bruto do poder, pela pura força, mas também pelo estabelecimento de mediações e pela formação de consensos ideológicos. A dominação racial é exercida pelo poder, mas também pelo complexo cultural em que as desigualdades, a violência e a discriminação racial são absorvidas como componentes da vida social, como

> [...] uma rede na qual os sujeitos brancos estão consciente ou inconscientemente exercendo-o em seu cotidiano por meio de pequenas técnicas, procedimentos, fenômenos e mecanismos que constituem efeitos específicos e locais de desigualdades raciais.[64]

O fato de parte expressiva da sociedade considerar ofensas raciais como "piadas", como parte de um suposto espírito irreverente que grassa na cultura popular em virtude da democracia racial, é o tipo de argumento necessário para que o judiciário e o sistema de justiça em geral resista em reconhecer casos de racismo, e que se considerem racialmente neutros.

Por outro lado, ser branco é também o resultado de uma construção social que materialmente se expressa na dominação exercida por indivíduos considerados brancos ou na supremacia branca. O branco – lembra-nos Achille Mbembe – é "uma categoria racial que foi pacientemente construída no ponto de encontro entre o direito e os regimes de extorsão da força de trabalho".[65] A admiração e a valorização das características físicas e dos padrões de "beleza" dos povos europeus é também um indicador de quais indivíduos e grupos são considerados os ocupantes naturais de lugares de poder e destaque.

Na análise de Maria Aparecida Bento, o racismo funciona como uma espécie de "pacto narcísico" entre brancos em que as condições de privilégio racial não são colocadas em questão:

> O silêncio, a omissão, a distorção do lugar do branco na situação das desigualdades raciais no Brasil têm um forte componente narcísico, de autopreservação, porque vêm acompanhados de um pesado investimento na colocação desse grupo como grupo de referência da condição humana.[66]

Tanto o "ser branco" quanto o "ser negro" são construções sociais. O negro é produto do racismo, "sobredeterminado pelo exterior",[67] diz Frantz Fanon. O negro faz-se humano com a negritude e com a consciência negra,[68] que constituem a reação intelectual e política contra as condições impostas a ele pelo racismo.

Assim como o privilégio faz de alguém branco, são as desvantagens sociais e as circunstâncias histórico-culturais, e não somente a cor da pele ou o formato do rosto, que fazem de alguém negro. Características físicas ou práticas culturais são apenas dispositivos materiais de classificação racial que fazem incidir o mecanismo de distribuição de privilégios e de desvantagens políticas, econômicas e afetivas.

Guerreiro Ramos colocava em questão a forma como parte da intelectualidade brasileira essencializava a questão racial, a que referiam como "o problema do negro". Para Guerreiro Ramos o problema racial não era um "problema do negro", mas da "ideologia da brancura" presente nas "massas", mas também na academia. "Patologia social do branco" era como Guerreiro Ramos referia-se à postura de oposição e de rejeição que caracterizava as pessoas brancas brasileiras diante da possibilidade de integração social com negros.

De fato, o ser branco é uma grande e insuperável contradição: só se é "branco" na medida em que se nega a própria identidade enquanto branco, que se nega ser portador de uma raça. Ser branco é atribuir identidade racial aos outros e não ter uma. É uma raça que não tem raça. Por isso, é irônico, mas compreensível, que alguns brancos considerem legítimo chamar de "identitários" outros grupos sociais não brancos sem se dar conta de que esse modo de lidar com a questão é um traço fundamental da sua própria identidade. Esse monumental delírio promovido pela modernidade, essa "loucura codificada" responsável por "devastações psíquicas assombrosas e de incalculáveis crimes e massacres" que é a raça, sempre opera no campo da ambiguidade, da obscuridade, do mal-entendido e da contradição.[69]

Essa "patologia", nos dizeres de Guerreiro Ramos, acentua-se no caso dos brancos que não estão nos países centrais do capitalismo. Nesse caso, a contradição se torna insuplantável, pois além de ter de negar possuir uma identidade para ser branco, o branco periférico precisa a todo instante reafirmar a sua branquitude, pois ela está sempre sendo posta em dúvida. Afinal, o branco periférico não está no topo da cadeia alimentar, pois não é europeu nem norte-americano e, ainda que descenda de algum, sempre haverá um negro ou um índio em sua linhagem para lhe impingir algum "defeito". Situação difícil, tratada com o repúdio e às vezes o ódio ao negro e ao indígena, verdadeiras "sombras", que com seus corpos e suas manifestações culturais lembram-no que um dia ele, o branco, pode ser chamado de negro. Ou ainda pior: ser tratado como um negro. Por isso, às vezes é melhor ser maltratado na Europa ou nos Estados Unidos do que estar próximo de outros brasileiros negros e indígenas, algo insuportável. O pavor de um dia ser igualado a um negro é o verdadeiro fardo que carrega o homem branco da periferia do capitalismo e um dos fatores que garante a dominação política, econômica e cultural dos países centrais.

Na mesma toada de Fanon, Cesaire e Senghor, com a *negritude* e, mais tarde, Steve Biko, com a *consciência negra*, Guerreiro Ramos propunha o *personalismo negro*, que pode ser definido como o ato de assumir a condição de negro a fim de subverter os padrões racistas. A "patologia do homem branco" não atingia apenas os brancos, mas também afetava a subjetividade de negros e negras, fazendo-os corresponder aos estereótipos folclóricos, exóticos e ingênuos produzidos pelo racismo. Dessa forma, a defesa da negritude ou do personalismo negro era o primeiro passo para se derrotar a "ideologia da brancura" e remover o que Guerreiro Ramos considerava um dos maiores obstáculos para a construção da nação: o racismo.[70]

Uma vez que raça e racismo são conceitos relacionais, a condição de negro e de branco depende de circunstâncias históricas e políticas específicas. Ainda que uma articulação entre as realidades internacionais, regionais e locais seja essencial para explicar a constituição da raça, queremos enfatizar que a formação cultural, político-institucional e econômica específica de cada país será determinante para que a condição de negro e de branco seja atribuída aos indivíduos. Devido às diferentes formações sociais, ser negro ou "não branco" no Brasil, nos Estados Unidos, nos países da Europa, na África do Sul e em Angola são experiências vivenciadas de maneiras distintas não apenas por conta das óbvias diferenças políticas, econômicas e culturais, mas sobretudo pelas diferenças entre o significado social de ser negro e ser branco resultantes de múltiplos mecanismos político-jurídicos de racialização – cor da pele, nacionalidade, religião, "uma gota de sangue" etc.

## RACISMO E MERITOCRACIA

Um dos grandes problemas vivenciados em uma sociedade permeada por conflitos e antagonismos de classe, de raça e sexuais é como compatibilizar a desigualdade com parâmetros culturais baseados em ideologias universalistas, cosmopolitas e, portanto, politicamente impessoais, neutras e pautadas pela igualdade formal.

Essa difícil operação conta com o discurso da meritocracia. A meritocracia é "não apenas economicamente eficaz, mas também um fator de estabilização política",[71] dirá Wallerstein.

Assim, a soma do racismo histórico e da meritocracia permite que a desigualdade racial vivenciada na forma de pobreza, desemprego e privação material seja entendida como falta de mérito dos indivíduos.[72]

A meritocracia se manifesta por meio de mecanismos institucionais, como os processos seletivos das universidades e os concursos públicos. Uma vez que a desigualdade educacional está relacionada com a desigualdade racial, mesmo nos sistemas de ensino públicos e universalizados, o perfil racial dos ocupantes de cargos de prestígio no setor público e dos estudantes nas universidades mais concorridas reafirma o imaginário que, em geral, associa competência e mérito a condições como branquitude, masculinidade e heterossexualidade e cisnormatividade. Completam o conjunto de mecanismos institucionais meritocráticos os meios de comunicação – com a difusão de padrões culturais e estéticos ligados a grupos racialmente dominantes – e o sistema carcerário, cujo pretenso objetivo de contenção da criminalidade é, na verdade, controle da pobreza e, mais especificamente, controle racial da pobreza.

No Brasil, a negação do racismo e a ideologia da democracia racial sustentam-se pelo discurso da meritocracia. Se não há racismo, a culpa pela própria condição é das pessoas negras que, eventualmente, não fizeram tudo que estava a seu alcance. Em um país desigual como o Brasil, a meritocracia avaliza a desigualdade, a miséria e a violência, pois dificulta a tomada de posições políticas efetivas contra a discriminação racial, especialmente por parte do poder estatal. No contexto brasileiro, o discurso da meritocracia é altamente racista, uma vez que promove a conformação ideológica dos indivíduos à desigualdade racial.

# RACISMO E POLÍTICA

Na primeira parte deste livro falamos de como o racismo é, sobretudo, uma relação de poder que se manifesta em circunstâncias históricas. Na perspectiva estrutural – que é nosso foco – se consideramos o racismo um processo histórico e político, a implicação é que precisamos analisá-lo sob o prisma da institucionalidade e do poder.

A política, devido a características específicas da sociedade contemporânea sobre as quais falaremos adiante, passa pelo Estado, ainda que não se restrinja a ele. Um exemplo está na ação de grupos e movimentos sociais. Grande parte de suas reivindicações – por mais específicas que possam ser – é dirigida ao poder estatal na forma da "luta por direitos", como igualdade, liberdade, educação, moradia, trabalho, cultura etc. O movimento pela abolição da escravidão, de luta pelos direitos civis e contra a segregação racial são exemplos de um fazer político que, mesmo confrontando as instituições, foi em alguma medida conformado pela dinâmica jurídico-estatal.

Uma vez que o Estado é a forma política[73] do mundo contemporâneo, o racismo não poderia se reproduzir se, ao mesmo tempo, não alimentasse e fosse também alimentado pelas estruturas estatais. É por meio do Estado que a classificação de pessoas e a divisão dos indivíduos em classes e grupos é realizada. Os regimes colonialistas e escravistas, o regime nazista, bem como o regime do *apartheid* sul-africano não poderiam existir sem a participação do Estado e de outras instituições como escolas, igrejas e meios de comunicação. O Estado moderno é ou Estado racista – casos da Alemanha nazista, da África do Sul antes de 1994 e dos Estados Unidos antes 1963 –, ou Estado racial – determinados estruturalmente pela classificação racial –, não havendo uma terceira opção. Com isso, quer dizer Goldberg que o racismo não é um dado acidental, mas é um elemento constitutivo dos Estados modernos.[74]

Ao apontar a íntima relação entre a história do Estado e a definição racial, David Theo Goldberg se surpreende com o "virtual silêncio" da literatura sobre a teoria do Estado acerca das "dimensões raciais do Estado moderno". Goldberg, por sua vez, também aponta para o fato de que a produção teórica sobre raça e racismo, por conta de uma "virada culturalista" ocorrida nas últimas décadas, "tem evitado uma reflexão abrangente acerca da implicação do Estado na formação racial e na exclusão racial".[75] Nossa intenção neste capítulo é justamente fornecer elementos para que a relação entre a formação do Estado e a constituição das identidades raciais volte ao centro das reflexões, tanto da Teoria do Estado, quanto dos estudos no campo das relações raciais.

Neste capítulo, portanto, em que pretendemos discutir a relação entre Estado e racismo, traçamos quatro objetivos:

1. apresentar alguns aspectos conceituais do Estado;
2. falar da relação entre Estado, nação e racismo;
3. analisar o problema do racismo e da representatividade política;
4. tratar da relação entre Estado, racismo e violência, ocasião em que mobilizaremos as contribuições de Michel Foucault, Achille Mbembe e Marielle Franco.

## MAS O QUE É O ESTADO?

Há inúmeras controvérsias sobre a definição do Estado, e não nos caberia apresentar todas neste momento. Porém, é importante dizer que a lógica dessa relação entre racismo e Estado assenta-se sobre duas premissas fundamentais:

1. As teorias do Estado relacionam-se com a teoria econômica;
2. as concepções de racismo – como acontece com a teoria econômica – trazem, ainda que indiretamente, uma teoria do Estado.

## Estado e racismo nas teorias liberais

Nas teorias liberais sobre o Estado há pouco, senão nenhum, espaço para o tratamento da questão racial. O racismo é visto como uma irracionalidade em contraposição à racionalidade do Estado, manifestada na impessoalidade do poder e na técnica jurídica. Nesse sentido, raça e racismo se diluem no exercício da razão pública, na qual deve imperar a igualdade de todos perante a lei. Tal visão sobre o Estado se compatibiliza com a concepção individualista do racismo, em que a ética e, em último caso, o direito, devem ser o antídoto contra atos racistas.[76]

Sob este prisma, a tarefa de uma sociedade democrática, mais do que combater o racismo, é eliminar o peso da raça sobre a liberdade dos indivíduos, desmantelar os privilégios raciais e instituir o "império da lei". Na perspectiva liberal,

> [...] a expressão máxima da soberania é a produção de normas gerais por um corpo (povo) composto por homens e mulheres livres e iguais. Esses homens e mulheres são considerados sujeitos completos, capazes

de autoconhecimento, autoconsciência e autorrepresentação.[77]

Assim, a política se define, simultaneamente, "como um projeto de autonomia e a realização de um acordo em uma coletividade",[78] acordo esse que a filosofia política clássica denomina de contrato social.

E é justamente a ideia de consenso presente na teoria do contrato social que Charles Mills questiona na obra *The Racial Contract*. Para Mills, como o título de sua obra já enuncia, a teoria do contrato social estabelece o pressuposto moral e epistemológico de uma civilização que, na verdade, se unifica em torno da raça – branca – como critério de pertencimento e normalidade e, ao mesmo tempo, como forma de exclusão de outros povos e culturas.[79]

As teorias que analisam o Estado do ponto de vista da ética se restringem a descrever aspectos institucionais ou jurídicos da organização política, ou não conseguem fornecer explicações suficientes sobre a relação entre raça e política. Como explicar os Estados abertamente racistas, como a Alemanha nazista, os Estados Unidos até 1963 e a África do Sul durante o regime do *apartheid*? Como explicar a persistência do racismo mesmo em Estados que juridicamente condenam o racismo? Como explicar a ação violenta de agentes do Estado e suas práticas sistematicamente orientadas contra grupos raciais? Como é possível considerar como um problema ético, jurídico ou de supremacia branca os milhares de jovens negros assassinados a cada ano no Brasil?[80]

## Estado, poder e capitalismo

Uma definição de Estado que pode contemplar a questão racial em termos estruturais nos é fornecida por Joachim Hirsch, para quem o Estado é a "condensação material de uma relação social de força".[81] Está longe de ser o Estado o resultado de um contrato social, a corporificação da vontade popular democrática, o ápice da racionalidade ou o instrumento de opressão da classe dominante. Essas definições, que passeiam entre o idealismo e a simplificação abstrata, não revelam a materialidade do Estado enquanto um complexo de relações sociais indissociável do movimento da economia.

Dizer que o Estado é "relação material de força" ou uma forma específica de exercício do poder e de dominação é, sem dúvida, um avanço diante de definições como "bem comum" ou "complexo de normas jurídicas".

Mas ainda persiste uma dúvida: por que essa relação material de força tomou a forma de um poder centralizado, impessoal e que é visto como separado da sociedade? Por que a dominação concretiza-se institucionalmente sob a lógica do Estado? Por que o poder político assumiu especificamente a forma-Estado? Para responder a tais questões estabeleceremos uma relação entre a formação do Estado contemporâneo e a constituição das relações econômicas capitalistas.

Vejamos, por contraste, as sociedades pré-capitalistas. Ainda que tenham as sociedades pré-capitalistas se constituído por múltiplas formas de dominação e de exercício difuso do poder político, as características da ordem capitalista são bastante específicas. É apenas com o desenvolvimento do capitalismo que a política assume a forma de um aparato exterior, relativamente autônomo e centralizado, separado do conjunto das relações sociais, em especial das relações econômicas. No capitalismo, a organização política da sociedade não será exercida diretamente pelos grandes proprietários ou pelos membros de uma classe, mas pelo Estado.

A sociedade capitalista tem como característica fundamental a troca mercantil. Desse modo, a existência da sociedade capitalista depende que os indivíduos que nela vivem relacionem-se entre si, predominantemente, como livres e iguais. Só é garantida esta condição aos indivíduos quando a troca mercantil pode se generalizar e se tornar a lógica constitutiva da sociedade. Por isso, caberá ao Estado assegurar o direito à liberdade individual, à igualdade formal (apenas perante a lei) e principalmente à propriedade privada. Sem liberdade individual, igualdade formal e propriedade não poderia haver contratos, mercado e, portanto, capitalismo.

Ao observarmos a estrutura das relações econômicas, já temos boas indicações para compreender o porquê da política assumir a forma-Estado no mundo contemporâneo. Para proteger a liberdade individual, a igualdade formal e a propriedade privada, o Estado terá de manter um delicado equilíbrio em sua atuação, que exige preservar a unidade em uma sociedade estruturalmente individualista e atomizada, que tende a inúmeros conflitos e, ao mesmo tempo, a fim de não comprometer o imaginário da igualdade de todos perante a lei, "aparecer" como um poder "impessoal" e "imparcial" e acima dos conflitos individuais. O papel do Estado no capitalismo é essencial: a manutenção da ordem – garantia da liberdade e da igualdade formais e proteção da propriedade privada e do cumprimento dos contratos – e a "internalização das múltiplas contradições", seja pela coação física, seja por meio da produção de discursos ideológicos justificadores da dominação.

Portanto, a forma com que os indivíduos atuam na sociedade, seu reconhecimento enquanto integrantes de determinados grupos e classes, bem como a constituição de suas identidades, relacionam-se às estruturas que regem a sociabilidade capitalista.

"A particularidade do modo de socialização capitalista reside na separação e na simultânea ligação entre 'Estado' e 'sociedade', 'política' e 'economia'".[82] Sob as condições econômicas da sociedade capitalista, o Estado dá forma a uma comunidade política cuja socialização é feita de antagonismos e contradições expressas nos interesses individuais. Daí resulta que o Estado não é apenas o garantidor das condições de sociabilidade do capitalismo, mas é também o resultado dessas mesmas condições, o que faz dele mais do que um mero árbitro ou um observador neutro da sociedade. Como a sociedade é dinâmica, as condições econômicas e as relações de força alteram-se o tempo todo, e os conflitos tendem a surgir. Esses conflitos pressupõem a capacidade do Estado de manter as estruturas socioeconômicas fundamentais e a adaptação do Estado às transformações sociais sem comprometer sua unidade relativa e sua capacidade de garantir a estabilidade política e econômica.[83] Portanto, a atuação do Estado, como a forma política da sociedade capitalista, está histórica e logicamente conectada com a reprodução das outras formas sociais do capitalismo: a forma-mercadoria (propriedade privada), a forma-dinheiro (finanças) e a forma-jurídica (liberdade e igualdade).

Entretanto, dizer que o Estado é capitalista não é o mesmo que dizer que o Estado se move única e exclusivamente pelos interesses dos detentores do capital. A ligação entre Estado e capitalismo é muito mais complexa e estrutural, tendo em vista que o Estado contemporâneo, marcado pela impessoalidade e pela pretensa separação com o mercado, só pode ser vislumbrado no contexto do capitalismo.

A existência do mercado – enquanto relação entre sujeitos de direito e proprietários de mercadorias – depende de que o Estado garanta, por meio do controle burocrático e da repressão, a propriedade privada e as relações jurídicas, o que supõe uma capacidade interventiva sempre presente. Ao mesmo tempo, os alicerces do Estado dependem "da existência assegurada do processo de valorização capitalista regulada pelo mercado".[84]

Isso tudo significa que o Estado tem uma autonomia relativa sobre a economia, algo importante para a preservação do próprio capitalismo. Todavia, a relação é constantemente colocada em questão pelas lutas políticas que se desenvolvem no seio da sociedade. Sendo a sociedade capitalista marcada por intensos conflitos, é comum que grupos isolados queiram fazer prevalecer seus interesses específicos e, para isso, tentem dirigir o Estado e seus aparelhos de força. Nesse momento em que os conflitos entre os diversos grupos integrantes da sociedade capitalista tornam-se mais agudos, a ponto de comprometer a própria reprodução da sociedade, é que a autonomia relativa do Estado se comprova nas suas intervenções. Essa é a lógica por trás das intervenções estatais: limitar a ação destruidora de certos grupos de interesse e, eventualmente, até mesmo permitir a implantação de mecanismos que assegurem alguma forma de participação popular que restaure a legitimidade do sistema.

Os liames da sociedade capitalista são mantidos por uma combinação de violência e consenso, cujas doses dependem do estágio em que se encontram os conflitos e as crises.[85] As reformas jurídicas que concedem direitos sociais aos trabalhadores e às minorias são exemplos bem-acabados desse processo, uma vez que, dependendo da força e do poder organizativo dos trabalhadores, certas reivindicações serão obtidas, como aumentos salariais e melhores condições de trabalho. Entretanto, no contexto de uma crise econômica em que os assalariados estejam politicamente enfraquecidos e a manutenção dos direitos sociais comprometa o lucro das empresas capitalistas, a expressão do poder estatal mudará significativamente no intuito de reagir à nova forma adquirida pela interação entre as alterações econômicas e os conflitos sociais.

O Estado, desse modo, não é um mero instrumento dos capitalistas. Pode-se dizer que o Estado é de classe, mas não de uma classe, salvo em condições excepcionais e de profunda anormalidade. Em uma sociedade dividida em classes e grupos sociais, o Estado aparece como a unidade possível, em uma vinculação que se vale de mecanismos repressivos e material-ideológicos.

E quando a ideologia não for suficiente, a violência física fornecerá o remendo para uma sociedade estruturalmente marcada por contradições, conflitos e antagonismos insuperáveis, mas que devem ser metabolizados pelas instituições – o poder judiciário é o maior exemplo dessa institucionalização dos conflitos.

Esses fatores explicam a importância da construção de um discurso ideológico calcado na meritocracia, no sucesso individual e no racismo a fim de naturalizar a desigualdade.

O conflito social de classe não é único conflito existente na sociedade capitalista. Há outros conflitos que, embora não se articulem com as relações de classe, não se originam delas e tampouco desapareceriam com ela: são conflitos raciais, sexuais, religiosos, culturais e regionais que podem remontar a períodos anteriores ao capitalismo, mas que nele tomam uma forma especificamente capitalista.[86] Portanto, entender a dinâmica dos conflitos raciais e sexuais é absolutamente essencial à compreensão do capitalismo, visto que a dominação de classe se realiza nas mais variadas formas de opressão racial e sexual. A relação entre Estado e sociedade não se resume à troca e produção de mercadorias; as relações de opressão e de exploração sexuais e raciais são importantes na definição do modo de intervenção do Estado e na organização dos aspectos gerais da sociedade.[87]

Há, portanto, um nexo estrutural entre as relações de classe e a constituição social de grupos raciais e sexuais que não pode ser ignorado.[88] Como afirmei no artigo "Estado, direito e análise materialista do racismo",

> [...] as classes quando materialmente consideradas também são compostas de mulheres, pessoas negras, indígenas, gays, imigrantes, pessoas

com deficiência, que não podem ser definidas tão somente pelo fato de não serem proprietários dos meios de produção. [...] Para entender as classes em seu sentido material, portanto, é preciso, antes de tudo, dirigir o olhar para a situação real das minorias.[89]

Com base nas contribuições de Foucault, Judith Butler analisa o vínculo entre Estado, direito e identidade:

> Em suas últimas entrevistas, Foucault dá a entender que, dentro dos arranjos políticos contemporâneos, as identidades se formam em relação a certos requisitos do Estado liberal, os quais presumem que a afirmação de direitos e a reivindicação de direitos legais só podem ser feitas com base em uma identidade singular e injuriada. Quanto mais específicas se tornam as identidades, mais totalizadas se tornam por essa mesma especificidade. Na verdade, podemos entender esse fenômeno contemporâneo como o movimento pelo qual um aparelho jurídico produz o campo de possíveis sujeitos políticos.[90]

## RAÇA E NAÇÃO

A formação dos Estados nacionais exigiu uma profunda reorganização da vida social, que englobou não somente aspectos políticos e econômicos, mas também a constituição das identidades. Novas formas de racionalidade e de percepção do tempo-espaço tiveram de emergir a fim de que um mundo baseado no contrato e na troca mercantil pudesse nascer, dissolvendo e destruindo tradições e formas sociais vinculadas à lógica das sociedades pré-capitalistas.[91]

Nesse processo de formação dos Estados é que reside a importância da nacionalidade enquanto narrativa acerca de laços culturais, orgânicos e característicos de um determinado povo, que se assenta sobre um determinado território e é governado por um poder centralizado. Não por acaso a referência aos Estados modernos é acompanhada do adjetivo "nacional".[92] A ideologia nacionalista é central para a construção de um discurso em torno da unidade do Estado a partir de um imaginário que remonte a uma origem ou a uma identidade comum.

A incorporação deste novo mundo depende do surgimento de novas identidades que se materializarão na língua, na religião, nas relações de parentesco, nos sentimentos, nos desejos e nos padrões estéticos. Tais elementos criam o imaginário social de unidade nacional de pertencimento cultural que vincula identidades individuais e coletivas, comunidade e Estado. É importante ressaltar que a nacionalidade não é o resultado apenas do espontaneísmo ou do acaso; mecanismos e práticas institucionalizadas de poder condicionadas por estruturas político-econômicas atuam decisivamente na constituição da nacionalidade.

O nacionalismo preenche as enormes fissuras da sociedade capitalista, afastando a percepção acerca dos conflitos de classe, de grupos e, em particular, da violência sistemática do processo produtivo. Mas isso não significa que o nacionalismo – e seu derivado, o racismo – tenha sido concebido com a função de acobertar a violência econômica. Essa explicação funcionalista, ainda que parcialmente correta, seria bastante frágil diante de contextos em que a ideologia da democracia racial ou o advento de discursos sobre pretensas "sociedades pós-raciais" são afirmados a todo momento, ou, ainda, em situações em que conflitos de classe, entre etnias ou grupos religiosos estão abertamente deflagrados. A questão aqui, portanto, é também estabelecer, na trilha que estamos construindo até o momento, uma relação estrutural e histórica, e não meramente funcional ou lógica, entre política (Estado), economia e racismo.

O nacionalismo é o solo sobre o qual indivíduos e grupos humanos renascem como parte de um mesmo povo, no interior de um território e sob poder de soberania. Haverá a destruição, a dissolução e a incorporação de tradições, costumes e culturas regionais e particulares que, eventualmente, entrarão em choque com o Estado-nação. Daí ser possível concluir que a nacionalidade, que se manifesta como "orgulho nacional", "amor à pátria", "espírito do povo", é resultado de práticas de poder e de dominação convertidas em discursos de normalização da divisão social e da violência praticada diretamente pelo Estado, ou por determinados grupos sociais que agem com o beneplácito estatal.

A questão da delimitação territorial e da construção da nacionalidade merece particular atenção devido às implicações sobre o tema aqui tratado. O controle da população pelo Estado, o que engloba o processo de formação das subjetividades adaptadas ao capitalismo, depende de um planejamento territorial que permita o controle e a vigilância da população.[93] O controle da natalidade, a definição dos critérios de entrada e permanência no território consoante elementos de nacionalidade determinados pelo direito, a criação de guetos ou de reservas para certos grupos sociais – também definidos, direta ou indiretamente, segundo padrões étnicos, culturais ou religiosos – e o estabelecimento de condições jurídicas para o reconhecimento de territórios ou de propriedades coletivas segundo a identidade de grupo (quilombolas, indígenas etc.), demonstram à exaustão como a nacionalidade e a dominação capitalista se apoiam em uma construção espaço-identitária que pode ser vista na classificação racial, étnica, religiosa e sexual de indivíduos como estratégia de poder.[94]

Paul Gilroy nos ensina como a nação é constituída por uma tecnologia de poder que se apoia em raça e gênero para estabelecer hierarquias sociais. A reprodução de diferenças baseadas em raça e gênero depende do controle socioestatal sobre o corpo das mulheres:

> [...] os racismos que codificaram a biologia em termos culturais têm sido facilmente introduzidos com novas variantes que cir-

cunscrevem o corpo numa ordem disciplinar e codificam a particularidade cultural em práticas corporais. As diferenças de gênero se tornam extremamente importantes nesta operação antipolítica, porque elas são o símbolo mais proeminente da irresistível hierarquia natural que deve ser restabelecida no centro da vida diária. As forças nada sagradas da biopolítica nacionalista interferem nos corpos das mulheres, encarregados da reprodução da diferença étnica absoluta e da contaminação de linhagens de sangue específicas. A integridade da raça ou da nação, portanto, emerge como a integridade da masculinidade. Na verdade, ela só pode ser uma nação coesa se a versão correta de hierarquia de gênero for instituída e reproduzida. A família é o eixo para estas operações tecnológicas. Ela conecta os homens e as mulheres, os garotos e as garotas à comunidade mais ampla a partir da qual eles devem se orientar se quiserem possuir uma pátria.[95]

Do mesmo modo que o nacionalismo cria as regras de pertencimento dos indivíduos a uma dada formação social, atribuindo-lhes ou reconhecendo-lhes determinada identidade, pela mesma lógica, também cria regras de exclusão. Tanto a classificação dos indivíduos quanto o ato de inclusão/exclusão são operados em última instância pelo poder político. Para Achille Mbembe, no final do século XIX, a sociedade francesa teve de se preparar para que a lógica do nacional-colonialismo – em clara alusão ao nacional-socialismo – pudesse naturalizar as atrocidades do colonialismo francês. Formado por instituições ligadas ao Estado, bem como setores influentes da sociedade francesa, o nacional-colonialismo visava normalizar o tema da diferença racial na cultura de massas

> [...] através do estabelecimento de instituições como museus e jardins zoológicos humanos,[96] publicidade, literatura, artes, constituição de arquivos, disseminação de narrativas fantásticas reportadas pela imprensa popular e realização de exportações internacionais.[97]

Portanto, foi um "projeto nacional" a produção de um discurso sobre o outro, tornando racional e emocionalmente aceitável a conquista e a destruição daqueles com os quais não se compartilha a mesma identidade. [98]

A relação entre raça, racismo e nacionalidade é ressignificada por Paul Gilroy em *O Atlântico negro*. Para o autor raça e racismo não são termos compreensíveis nos limites nacionais ou regionais; da mesma forma, a ideia de modernidade não se reduz à racionalidade iluminista europeia. Raça e racismo são produtos do intercâmbio e do fluxo internacional de pessoas, de mercadorias e de ideias, o que engloba, necessariamente uma *dimensão afro-diaspórica*. Assim, o que chamamos de modernidade não se esgota na racionalidade iluminista europeia, no Estado impessoal e nas trocas mercantis; a modernidade é composta pelo tráfico, pela escravidão, pelo colonialismo, pelas ideias racistas, mas também pelas práticas de resistência e pelas ideias antirracistas formuladas por intelectuais negros e indígenas. A compreensão do mundo contemporâneo está ligada à compreensão da diáspora africana, ou seja, do modo com que a África se espalhou pelo mundo. De tal sorte que, no Brasil, a compreensão do racismo e a possível configuração de estratégias de luta antirracista dependem de um olhar para a América, para África e para a formação do fluxo de pessoas e ideias em âmbito internacional.[99]

A fim de tratar a formação das identidades de modo relacional e histórico, Lélia Gonzalez utiliza-se da categoria *Amefricanidade*. A autora explica a importância do termo para a compreensão dos elementos que unificam as experiências dos povos da América:

> Seu valor metodológico, a meu ver, está no fato de permitir a possibilidade de resgatar uma *unidade específica*, historicamente forjada no interior de diferentes sociedades que se formaram numa determinada parte do mundo. Portanto, a *Améfrica*, enquanto sistema etnogeográfico de referência, é uma criação nossa e de nossos antepassados no continente em que vivemos, inspirados em modelos africanos. Por conseguinte, o termo *amefricanas/ amefricanos* designa toda uma descendência: não só a dos africanos trazidos pelo tráfico negreiro, como a daqueles que chegaram à AMÉRICA muito antes de Colombo. Ontem

como hoje, *amefricanos* oriundos dos mais diferentes países têm desempenhado um papel crucial na elaboração dessa *Amefricanidade* que identifica, na Diáspora, uma experiência histórica comum que exige ser devidamente conhecida e cuidadosamente pesquisada. Embora pertençamos a diferentes sociedades do continente, sabemos que o sistema de dominação é o mesmo em todas elas, ou seja: o *racismo*, essa elaboração fria e extrema do modelo ariano de explicação, cuja presença é uma constante em todos os níveis de pensamento, assim com parte e parcela das mais diferentes instituições dessas sociedades.[100]

Aníbal Quijano fala de como foi estabelecida uma *divisão racial do trabalho* no contexto da colonização latino-americana.[101] Ao tratar do sistema colonial instituído na América pela Espanha, Quijano conta que

[...] em alguns casos, a nobreza indígena, uma reduzida minoria, foi eximida da servidão e recebeu um tratamento especial, devido a seus papéis como intermediária com a raça dominante, e lhe foi também permitido participar de alguns dos ofícios nos quais eram empregados os espanhóis que não pertenciam à nobreza. Por outro lado, os negros foram reduzidos à escravidão.[102]

A divisão racial do trabalho pode ainda ser amplamente constatada nas sociedades contemporâneas, pois mesmo em países onde o racismo não é abertamente praticado pelo Estado ou em que há leis antirracistas, indivíduos pertencentes a grupos minoritários recebem salários menores e estão mais expostos a trabalhos insalubres ou precarizados.[103] Da mesma forma, o racismo foi e continua sendo elemento constitutivo da nacionalidade brasileira. Demonstra isso o fato de que o chamado *pensamento social brasileiro* – paradoxalmente pouco estudado no Brasil – faz da questão da raça um tema essencial.

Três questões mobilizaram decisivamente a intelectualidade brasileira desde o século XIX, e resumem o cerne do pensamento social sobre a formação da nação e da economia brasileira:

1. o que seria o Brasil após a independência de Portugal;
2. o que seria o Brasil com o fim do império;
3. o que seria o Brasil com o fim da escravidão.

Podemos afirmar que o pensamento social brasileiro, em seus mais diversos matizes ideológicos, se ocupou da questão racial, direta ou indiretamente. De fato, é uma questão crucial pensar em como uma nação pode se constituir em um país de profundas desigualdades, atravessado pelo estigma de 388 anos de escravidão.

O que é curioso notar é que os projetos nacionais no Brasil desde a implantação da primeira república[104] caminharam no sentido de institucionalizar o racismo, tornando-o parte do imaginário nacional. Ou seja, o Brasil é um típico exemplo de como o racismo converte-se em tecnologia de poder e modo de internalizar as contradições. Em *O espetáculo das raças*,[105] Lilia Schwarcz nos mostra, tal como Mbembe fez com a França, a importância das instituições estatais – no caso, as faculdades de Direito de Recife e São Paulo; as faculdades de Medicina da Bahia e do Rio de Janeiro; o Museu de História Natural do Pará – para a disseminação da ideologia do racismo científico no contexto da República Velha.

A partir de 1930, a necessidade de unificação nacional e a formação de um mercado interno, em virtude do processo de industrialização, dão origem a toda uma dinâmica institucional para a produção do discurso da democracia racial,[106] em que a *desigualdade racial* – que se reflete no plano econômico – é transformada em *diversidade cultural* e, portanto, tornada parte da paisagem nacional.

O mesmo se deu nos processos de unificação nacional nos Estados Unidos e na África do Sul. *A unidade nacional foi construída com o racismo e não apesar dele*. Nos Estados Unidos, a unidade nacional ocorreu tendo a segregação racial como condição de convivência pacífica entre os estados do Sul e do Norte depois da guerra civil e do período da Reconstrução.[107] A Reconstrução dos Estados Unidos pós-guerra civil foi feita sobre o sistema de leis segregacionistas conhecido como *Jim Crow*. Já na África do Sul, a unidade contraditória que caracteriza toda a nação também valeu-se da incorporação e institucionalização da segregação racial contra a maioria negra da população e um regime jurídico conhecido como *apartheid*, uma mistura macabra de práticas colonialistas-escravistas com nazismo, que vigorou até os anos 1990.[108]

Por fim, há que se ressalvar que, especialmente nos países latino-americanos, africanos e asiáticos, o nacionalismo nem sempre se converteu em práticas colonialistas, mas na afirmação de uma nacionalidade que se tornou a base cultural-ideológica para a resistência anticolonialista e para as lutas por independência política e econômica.[109] Sob as mais diversas formas e contextos históricos, a reivindicação da cultura indígena na forma do *pan-indigenismo*[110] foi e ainda é crucial na política latino-americana. Do mesmo modo, o *pan-africanismo*[111] desempenha função primordial na constituição do imaginário de resistência não apenas em África, mas em todos os países da diáspora africana, e o *pan-arabismo*[112] nos países e comunidades de cultura árabe também é exemplo de luta antirracista e de resistência anticolonial.[113]

REPRESENTATIVIDADE IMPORTA?

Chegamos então à questão da representatividade política, que aqui consideraremos em termos amplos, como representatividade institucional, não apenas como a presença de integrantes de minorias em funções de Estado ou em atividades político-partidárias. Enfim, o que chamamos de representatividade refere-se à participação de minorias em espaços de poder e prestígio social, inclusive no interior dos centros de difusão ideológica como os meios de comunicação e a academia.

Eis a questão: seria, por exemplo, a presença de pessoas negras ou indígenas em posições de poder e destaque suficiente para combater o racismo? Para algumas pessoas, a existência de representantes de minorias em tais posições seria a comprovação da meritocracia e do resultado de que o racismo pode ser combatido pelo esforço individual e pelo mérito. Essa visão, quase delirante, mas muito perigosa, serve no fim das contas apenas para naturalizar a desigualdade racial. Mas o problema da representatividade não é simples e tampouco se esgota nessa caricatura da meritocracia. Não há dúvidas de que a representatividade é um passo importante na luta contra o racismo e outras formas de discriminação, e há excelentes motivos para defendê-la. Quem pode duvidar da importância para a luta antidiscriminatória existir uma mulher negra em posições na academia, nos meios de comunicação e no judiciário geralmente associadas a homens brancos?

Nesse sentido, a representatividade pode ter dois efeitos importantes no combate à discriminação:

1. propiciar a abertura de um espaço político para que as reivindicações das minorias possam ser repercutidas, especialmente quando a liderança conquistada for resultado de um projeto político coletivo;

2. desmantelar as narrativas discriminatórias que sempre colocam minorias em locais de subalternidade. Isso pode servir para que, por exemplo, mulheres negras questionem o lugar social que o imaginário racista lhes reserva.

A força da eleição ou o reconhecimento intelectual de um homem negro e, especialmente, de uma mulher negra, não podem ser subestimados quando se trata de uma realidade dominada pelo racismo e pelo sexismo. Ademais, a representatividade é sempre uma conquista, o resultado de anos de lutas políticas e de intensa elaboração intelectual dos movimentos sociais que conseguiram influenciar as instituições.

Entretanto, as palavras de Charles Hamilton e Kwame Ture devem ecoar em nossas mentes e nos servir de alerta: "visibilidade negra não é poder negro".[114] O que os dois pensadores afirmam é que o racismo não se resume a um problema de representatividade, mas é uma questão de poder real. O fato de uma pessoa negra estar na liderança, não significa que esteja no poder, e muito menos que a população negra esteja no poder.

Como já ressaltamos antes, uma das características das instituições é se reformar para dar conta de seus conflitos internos e responder aos externos, a fim de preservar a sua existência e também as condições de dominação do grupo no poder. Por isso, não é incomum que instituições públicas e privadas passem a contar com a presença de representantes de minorias em seus quadros sempre que pressões sociais coloquem em questão a legitimidade do poder institucional. No caso do Brasil, um país de maioria negra, a ausência de representantes da população negra em instituições importantes já é motivo de descrédito para tais instituições, vistas como infensas à renovação, retrógradas, incompetentes e até antidemocráticas – o que não deixa de ser verdade. A falta de diversidade racial e de gênero só é "bem-vista" em nichos ideológicos ultrarreacionários e de extrema-direita; caso contrário, é motivo de constrangimento, deslegitimação e pode até gerar prejuízos econômico-financeiros – boicotes ao produto, problemas de imagem, ações judiciais etc.

Porém, por mais importante que seja, a representatividade de minorias em empresas privadas, partidos políticos, instituições governamentais não é, nem de longe, o sinal de que o racismo e/ou o sexismo estão sendo ou foram eliminados. Na melhor das hipóteses, significa que a luta antirracista e antissexista está produzindo resultados no plano concreto, e na pior, que a discriminação está tomando novas formas. A representatividade, insistimos, não é necessariamente uma reconfiguração das relações de poder que mantém a desigualdade. *A representatividade é sempre institucional e não estrutural*, de tal sorte que quando exercida por pessoas negras, por exemplo, não significa que os negros estejam no poder.

Anselm Jappe alerta que os pedidos pela "democratização do acesso às funções do sistema", por mais justificados que possam ser no caso concreto,

> [...] em geral desembocam na continuidade do desastre com um pessoal de gestão mais mesclado e com uma distribuição das vantagens e desvantagens que nem chega a ser mais igualitária, apenas muda o tipo de injustiça. Esse tipo de procedimento, na melhor das hipóteses, desembocará no direito de todos comerem no McDonald's e votarem nas eleições, ou senão no direito de ser torturado por um policial da mesma cor de pele, mesmo sexo e falante da mesma língua de sua vítima.[115]

Primeiro, porque a pessoa alçada à posição de destaque pode não ser um representante, no sentido de vocalizar as demandas por igualdade do grupo racial ou sexual ao qual pertença. Este ponto, aliás, encerra uma grande contradição no que se refere aos efeitos do racismo, muito bem apontada pelo filósofo Cornel West: cultiva-se a falsa ideia de que membros de minorias pensam em bloco e que não podem divergir entre si. Isso é conveniente para os racistas, porque, sem a possibilidade do conflito, cria-se um ambiente de constrangimento todas as vezes que negros demonstram divergir com medidas tomadas por uma instituição de maioria branca. A representatividade nesse caso tem o efeito de bloquear posições contrárias ao interesse do poder instituído e impedir que as minorias evoluam politicamente, algo que só é possível com o exercício da crítica.

Em segundo, porque, mesmo havendo o compromisso político do representante com o grupo racial ou sexual ao qual pertença, isso não implica que ele terá o poder necessário para alterar as estruturas políticas e econômicas que se servem do racismo e do sexismo para reproduzir as desigualdades.

## DA BIOPOLÍTICA À NECROPOLÍTICA

Em seu famoso texto *Em defesa da sociedade*, Foucault demonstra que o racismo está diretamente relacionado à formação dos Estados a partir do século XIX. O discurso biologizante das raças, especialmente da pureza das raças, denota uma das funções do Estado: o "protetor da integridade, da superioridade e da pureza da raça". Essa conexão entre a pureza das raças e o Estado é para Foucault a expressão da face antirrevolucionária, conservadora e reacionária que o discurso político assume após as revoluções liberais do século XVIII. "O racismo", diz Foucault, "é, literalmente, o discurso revolucionário, mas pelo avesso". A soberania do Estado apoia-se, como já dissemos, na integridade nacional, que é, dito de outro modo, a "proteção da raça".[116] Portanto, os Estados a partir do século XIX operam sob o racismo, segundo a lógica do que Foucault denomina "racismo de Estado".[117]

Mas de que modo o racismo estaria ligado ao Estado? Qual a natureza desta ligação? Foucault não trata o racismo somente como um discurso ou ideologia; para ele *o racismo é uma tecnologia de poder,* mas que terá funções específicas, diferente das demais de que dispõe o Estado. Foucault nos conta que, desde o século XIX, os sentidos da vida e da morte ganham um novo *status*. As mudanças socioeconômicas ocorridas a partir do século XIX impõem uma mudança significativa na concepção de soberania, que deixa de ser o poder de tirar a vida para ser o poder de controlá-la, de mantê-la e prolongá-la. A soberania torna-se o poder de suspensão da morte, de fazer viver e deixar morrer. A saúde pública, o saneamento básico, as redes de transporte e abastecimento, a segurança pública, são exemplos do exercício do poder estatal sobre a manutenção da vida, sendo que sua ausência seria o deixar morrer. O *biopoder*, como Foucault denomina este modo de exercício do poder sobre a vida, é cada vez mais "disciplinar e regulamentador".[118] Mas fica a questão: se o poder do Estado se manifesta como tecnologia de sustentação e prolongamento da vida, o que tornaria possível o assassínio, a determinação da morte? "Como exercer o poder da morte, como exercer a função da morte, num sistema político centrado no biopoder?",[119] pergunta Foucault.

É aí que o racismo exerce um papel central. Para Foucault a emergência do biopoder inseriu o racismo como mecanismo fundamental do poder do Estado, de tal modo que "quase não haja funcionamento moderno do Estado que, em certo momento, em certo limite e em certas condições, não passe pelo racismo".[120]

O racismo tem, portanto, duas funções ligadas ao poder do Estado: a primeira é a de fragmentação, de divisão no contínuo biológico da espécie humana, introduzindo hierarquias, distinções, classificações de raças. O racismo estabelecerá a linha divisória entre superiores e inferiores, entre bons e maus, entre os grupos que merecem viver e os que merecem morrer, entre os que terão a vida prolongada e os que serão deixados para a morte, entre os que devem permanecer vivos e o que serão mortos. E que se entenda que a morte aqui não é apenas a retirada da vida, mas também é entendida como a exposição ao risco da morte, a morte política, a expulsão e a rejeição.[121]

A outra função do racismo é permitir que se estabeleça uma relação positiva com a morte do outro. Não se trata de uma tradicional relação militar e guerreira em que a vida de alguém depende da morte de um inimigo. Trata-se, para Foucault, de uma relação inteiramente nova, compatível com o exercício do biopoder, em que será estabelecida uma relação de tipo biológico, em que a morte do outro – visto não como meu adversário, mas como um degenerado, um anormal, pertencente a uma "raça ruim" – não é apenas uma garantia de segurança do indivíduo ou das pessoas próximas a ele, mas do livre, sadio, vigoroso e desimpedido desenvolvimento da espécie, do fortalecimento do grupo ao qual se pertence.[122] Desse modo, a raça e o racismo são:

> [...] a condição de aceitabilidade de tirar a vida numa sociedade de normalização. Quando vocês têm uma sociedade de normalização, quando vocês têm um poder que é, ao menos e toda a sua superfície e em primeira instância, em primeira linha, um biopoder, pois bem, o racismo é indispensável como condição para poder tirar a vida de alguém, para poder tirar a vida dos outros. A função assassina do Estado só pode ser assegurada, desde que o Estado funcione no modo do biopoder, pelo racismo.[123]

O racismo é a tecnologia de poder que torna possível o exercício da soberania. Por isso, para Foucault,

> [...] a justaposição, ou melhor, o funcionamento, através do biopoder, do velho poder soberano do direito de morte implica o funcionamento, a introdução e a ativação do racismo.[124]

## RACISMO E NECROPOLÍTICA

Se para Foucault o Estado nazista foi o ponto exemplar da fusão entre morte e política, a síntese mais bem-acabada entre "Estado racista, Estado assassino e Estado suicidário"[125] foi, todavia, a experiência colonial a sua gênese. Como já nos alertou Aimé Césaire, a perplexidade da Europa com o nazismo veio da percepção de que o assassinato e a tortura como práticas políticas poderiam ser repetidas em território europeu, contra os brancos, e não apenas nos territórios colonizados, contra os povos "não civilizados". Para Césaire "no fim do capitalismo, desejoso de sobreviver, há Hitler. No fim do humanismo formal e da renúncia filosófica, há Hitler".[126]

E o fato é que o fim do nazismo não significou o fim do colonialismo e nem das práticas coloniais pelos Estados europeus. Por isso, diz Césaire que "a Europa é indefensável". O colonialismo, portanto, dá ao mundo um novo modelo de administração, que não se ampara no equilíbrio entre a vida e a morte, entre o "fazer viver e o deixar morrer"; o colonialismo não mais tem como base a decisão sobre a vida e a morte, mas tão somente o exercício da morte, sobre as formas de ceifar a vida ou de colocá-la em permanente contato com a morte. Não se trata somente do biopoder e nem da biopolítica quando se fala da experiência do colonialismo e do *apartheid*, mas daquilo que Achille Mbembe chama de *necropoder* e *necropolítica*, em que guerra, política, homicídio e suicídio tornam-se indistinguíveis.

O salto teórico de Mbembe na análise sobre a soberania acontece quando relaciona a noção de biopoder aos conceitos de *estado de exceção* e *estado de sítio*. Para Mbembe, "o estado de exceção e a relação de inimizade tornaram-se a base normativa do direito de matar".[127] O poder de matar opera com apelo à "exceção, à emergência e a uma noção ficcional do inimigo",[128] que precisam ser constantemente criadas e recriadas pelas práticas políticas.

As relações entre política e terror não são recentes, mas é na colônia e sob o regime do *apartheid* que, segundo Mbembe, instaura-se uma formação peculiar de terror que dá origem ao que o sociólogo chama de necropolítica. Para ele, "a característica mais original dessa formação de terror é a concatenação do biopoder, o estado de exceção e o estado de sítio",[129] em que a raça, mais uma vez, é crucial. É no mundo colonial e não no Estado nazifascista que, pela primeira vez, a racionalidade ocidental se encarna na síntese entre "massacre e burocracia".[130] Foi com o colonialismo que o mundo aprendeu a utilidade de práticas como "a seleção de raças, a proibição de casamentos mistos, a esterilização forçada e até mesmo o extermínio dos povos vencidos foram inicialmente testados".[131]

O terror e as grandes matanças não são algo novo na história política, pelo menos desde a Revolução Francesa, a ligação entre Estado e terror pode ser observada no que Sartre chamou de "fraternidade-terror",[132] momento em que a continuidade do mundo instaurado após a revolução depende do uso sistemático e brutal da violência. Na revolução francesa, a violência ou o terror contra o inimigo comum é a maneira de se estabelecer os laços de fraternidade e de unidade social.

O colonialismo e os Estados escravistas implicam uma nova configuração do terror – Balibar afirma que o *apartheid* sul-africano é um misto de nazifascismo com escravidão. É um terror baseado na absoluta alteridade, em que a soberania

> [...] consiste fundamentalmente no exercício de um poder à margem da lei – *ab legibus solutus* – e no qual tipicamente a "paz" assume a face de uma "guerra sem fim".[133]

É aí que se revela o necropoder: nesse espaço que a norma jurídica não alcança, no qual o direito estatal é incapaz de domesticar o direito de matar, aquele que sob o velho direito internacional é chamado de direito de guerra. A peculiaridade do terror colonial é que ele não se dá diante de uma ameaça concreta ou de uma guerra declarada; a guerra tem regras, na guerra há limites. Mas e na ameaça da guerra? Qual o limite a ser observado em situações de emergência, em que sei que estou perto da guerra e que meu inimigo está próximo? Não seria um dever atacar primeiro para preservar a vida dos meus semelhantes e manter a "paz"? É nesse espaço de dúvida, paranoia, loucura que o modelo colonial de terror se impõe. A iminência da guerra, a emergência de um conflito e o estresse absoluto dão a tônica para o mundo contemporâneo, em que a vida é subjugada ao poder da morte.[134]

Dizer que a guerra está próxima e que o inimigo pode atacar a qualquer momento é a senha para que sejam tomadas as medidas "preventivas", para que se cerque o território, para que sejam tomadas medidas excepcionais, tais como toques de recolher, "mandados de busca coletivos", prisões para averiguação, invasão noturna de domicílios, destruição de imóveis, autos de resistência etc.

A questão territorial é de suma importância para a compreensão da mecânica da necropolítica. A definição das fronteiras entre os Estados é, ao mesmo tempo, a determinação das partes do mundo que poderão ser colonizadas. Deste modo, a guerra legítima "é, em grande medida, uma guerra conduzida por um Estado contra outro ou, mais precisamente, uma guerra entre 'Estados civilizados'".[135] Como afirma Achille Mbembe,

> [...] a centralidade do Estado no cálculo de guerra deriva do fato de que o Estado é o modelo de unidade política, um princípio de organização racional, a personificação da ideia universal e um símbolo de moralidade.[136]

Nesse sentido, as colônias, zonas de fronteira, "terras de ninguém", são a imagem da desordem e da loucura. Não somente porque lhes falte algo parecido com o Estado, mas, sobretudo, porque lhes falta a razão materializada na imagem do homem europeu. Não se poderia considerar que algo controlado por seres tidos como selvagens pudesse organizar-se na forma de um "Estado" soberano. Não há cidadania possível, não há diálogo, não há paz a ser negociada. Já não se estabelece a diferença entre inimigo e criminoso, vez que a ambos só resta a total eliminação. Por isso, diz Mbembe,

> [...] as colônias são o local por excelência em que os controles e as garantias de ordem judicial podem ser suspensos – a zona em que a violência do estado de exceção supostamente opera a serviço da "civilização".[137]

Nesse contexto, o direito não é o limite do poder estatal sobre os corpos humanos e sobre o território, mas somente serve como narrativa *post factum*, ou seja, como fundamento retórico do assassinato.

A "ocupação colonial" em si era uma questão de apreensão, demarcação e afirmação do controle físico e geográfico – inscrever sobre o terreno um novo conjunto de relações sociais e espaciais. Essa inscrição (territorialização) foi, enfim, equivalente à produção de fronteiras e hierarquias, zonas e enclaves; a subversão dos regimes de propriedade existentes; a classificação das pessoas de acordo com diferentes categorias; extração de recursos; e, finalmente, a produção de uma ampla reserva de imaginários culturais. Esses imaginários deram sentido à instituição de direitos diferentes, para diferentes categorias de pessoas, para fins diferentes no interior de um mesmo espaço; em resumo, o exercício da soberania. O espaço era, portanto, a matéria-prima da soberania e da violência que sustentava. Soberania significa ocupação, e ocupação significa relegar o colonizado em uma terceira zona, entre o status de sujeito e objeto.[138]

> A ocupação colonial não pode ser entendida apenas como um evento restrito ao século XIX, mas como uma nova forma de dominação política em que se juntam os poderes disciplinar, biopolítico e necropolítico. A colônia como forma de dominação pode agora ser instituída dentro das fronteiras dos Estados como parte das chamadas políticas de segurança pública.

O estado de sítio, longe de ser exceção, será a regra, e o inimigo, aquele que deve ser eliminado, será criado não apenas pelas políticas estatais de segurança pública, mas pelos meios de comunicação de massa e os programas de televisão. Tais programas servirão como meio de constituir a subjetividade adaptada ao ambiente necropolítico em que impera o medo.

O racismo, mais uma vez, permite a conformação das almas, mesmo as mais nobres da sociedade, à extrema violência a que populações inteiras são submetidas, que se naturalize a morte de crianças por "balas perdidas", que se conviva com áreas inteiras sem saneamento básico, sem sistema educacional ou de saúde, que se exterminem milhares de jovens negros por ano, algo denunciado há tempos pelo movimento negro como genocídio.

> Como já vimos, o terror é uma característica que define tanto os Estados escravistas quanto os regimes coloniais tardo-modernos. Ambos os regimes são também instâncias e experiências específicas de ausência de liberdade. Viver sob a ocupação tardo-moderna é experimentar uma condição permanente de "estar na dor": estruturas fortificadas, postos militares e bloqueios de estradas em todo lugar; construções que trazem à tona memórias dolorosas de humilhação, interrogatórios e espancamentos; toques de recolher que aprisionam centenas de milhares de pessoas em suas casas apertadas todas as noites desde o anoitecer ao amanhecer; soldados patrulhando as ruas escuras, assustados pelas próprias sombras; crianças cegadas por balas de borracha; pais humilhados e espancados na frente de suas famílias; soldados urinando nas cercas, atirando nos tanques de água dos telhados só por diversão, repetindo slogans ofensivos, batendo nas portas frágeis de lata para assustar as crianças, confiscando papéis ou despejando lixo no meio de um bairro residencial; guardas de fronteira chutando uma banca de legumes ou fechando fronteiras sem motivo algum; ossos quebrados; tiroteios e fatalidades – um certo tipo de loucura.[139]

A análise de Achille Mbembe sobre a configuração atual da soberania é absolutamente condizente com o atual estágio das relações na economia do capitalismo pós-fordista e sob a égide da política neoliberal. As políticas de austeridade e o encurtamento das redes de proteção social mergulham o mundo no permanente pesadelo do desamparo e da desesperança. Resta ao Estado, como balizador das relações de conflito, adaptar-se a esta lógica em que a continuidade das formas essenciais da vida socioeconômica depende da morte e do encarceramento. Sob as condições objetivas e subjetivas projetadas no horizonte neoliberal, o estado de exceção torna-se a forma política vigente.[140]

Ana Luiza Flauzina fala-nos como os mecanismos de destruição das vidas negras se aperfeiçoam no contexto neoliberal, conferindo ao extermínio formas mais sofisticadas do que o encarceramento puro e simples. Para ela, "as imagens e os números que cercam as condições de vida da população negra estampam essa dinâmica".[141] A expulsão escolar, a pobreza endêmica, a negligência com a saúde da mulher negra e a interdição da identidade negra seriam, juntamente com o sistema prisional, partes de uma engrenagem social de dor e morte.[142]

A necropolítica, portanto, instaura-se como a organização necessária do poder em um mundo em que a morte avança implacavelmente sobre a vida. A justificação da morte em nome dos riscos à economia e à segurança torna-se o fundamento ético dessa realidade. Diante disso, a lógica da colônia materializa-se na gestão praticada pelos Estados contemporâneos, especialmente nos países da periferia do capitalismo, em que as antigas práticas coloniais deixaram resquícios. Como também observa Achille Mbembe, o neoliberalismo cria o devir-negro no mundo:[143] as mazelas econômicas antes destinadas aos habitantes das colônias agora se espalham para todos os cantos e ameaçam fazer com que toda a humanidade venha a ter o seu dia de negro, que pouco tem a ver com a cor da pele, mas essencialmente com a condição de viver para a morte, de conviver com o medo, com a expectativa ou com a efetividade da vida pobre e miserável.

A descrição de pessoas que vivem "normalmente" sob a mira de um fuzil, que têm a casa invadida durante a noite, que têm de pular corpos para se locomover, que convivem com o desaparecimento inexplicável de amigos e/ou parentes é compatível com diversos lugares do mundo e atesta a universalização da necropolítica e do racismo de Estado, inclusive no Brasil.

É o que nos revela Marielle Franco em sua dissertação de mestrado "UPP – a redução da favela a três letras: uma análise da política de segurança pública do Estado do Rio de Janeiro".[144] Ao analisar a atuação das Unidades de Polícia Pacificadora (UPP), implantadas nas favelas do Rio de Janeiro, Marielle Franco procura demonstrar como esta política se desenvolveu em um duplo processo: a instituição de um controle social militarizado nas favelas e, simultaneamente, a abertura do território à lógica da mercantilização. Franco afirma que

> Algo relevante a ser considerado são as políticas de controle social implicadas nas propostas administrativas da organização democrática. Estas viabilizam ou forjam as dimensões do Estado. Projetos institucionais de enquadramento do "anormal", nos termos impostos por uma espécie de controle da "saúde coletiva e individual", transmutam na base das estratégias do Estado para lidar com o novo problema: o paradigma da participação na gestão da população favelada.
> [...] Desse modo, o que tem sido chamado de "pacificação" tem possibilitado, nos quadros das cidades concebidas como commodities, a implementação de projetos de regularização fundiária e urbanística que trazem consigo a virtual transformação das favelas por processos de gentrificação, sobretudo naquelas localizadas nas regiões mais nobres da cidade.[145]

Na mesma trama tecida por Mbembe, Marielle Franco descreve a constituição da soberania na forma do necropoder, o que inclui a ocupação militarizada do território – estado de sítio – e a violência da exceção permanente.

> A abordagem das incursões policiais nas favelas é substituída pela ocupação do território. Mas tal ocupação não é do conjunto do Estado, com

direitos, serviços, investimentos, e muito menos com instrumentos de participação. A ocupação é policial, com a caracterização militarista que predomina na polícia do Brasil. Está justamente aí o predomínio da política já em curso, pois o que é reforçado mais uma vez é uma investida aos pobres, com repressão e punição. Ou seja, ainda que se tenha um elemento pontual de diferença, alterando as incursões pela ocupação, tal especificidade não se constituiu como uma política que se diferencie significativamente da atual relação do Estado com as favelas.[146]

E, por fim, Franco aponta o elemento racial como central para a tecnologia da necropolítica e das sucessivas intervenções militares e processos de pacificação:

A política de Segurança Pública do Estado do Rio de Janeiro mantém as caracaterísticas de Estado Penal segundo Loic Wacquant. Os elementos centrais dessa constatação estão nas bases da ação militarizada da polícia, na repressão dos moradores, na inexistência da constituição de direitos e nas remoções para territórios periféricos da cidade (o que acontece em vários casos). Ou seja, a continuidade de uma lógica racista de ocupação dos presídios por negros e pobres, adicionada do elemento de descartar uma parte da população ao direito da cidade, continua marcando a segurança pública com o advento das UPPs. Elementos esses que são centrais para a relação entre Estado Penal e a polícia de segurança em curso no Rio de Janeiro.[147]

RACISMO E DIREITO

## O QUE É DIREITO?

Antes de tratarmos da relação entre direito e raça, é importante que tenhamos ao menos algumas noções do que é *direito*. Por isso, apresentaremos um pequeno resumo das quatro principais concepções de direito: direito como justiça, direito como norma, direito como poder e o direito como relação social.[148]

As concepções aqui apresentadas possuem inúmeras variações, e por isso a exposição a seguir tem apenas uma pretensão didática, algo afinado com os objetivos desta obra. O que faremos aqui é somente falar das principais características de cada uma delas, ressaltando sua relação com as teorias do racismo.

## O direito como justiça

Alguns autores dirão que o direito está contido na ideia de justiça. Aqui o direito é visto como um valor, que está além das normas jurídicas. A vida, a liberdade, a igualdade e a propriedade são valores que devem ser cultivados por toda a humanidade e, mesmo que não estejam positivados – expressamente amparados por uma norma jurídica emanada por autoridade instituída –, devem ser protegidos. Assim, uma norma jurídica que, por exemplo, viole o valor da liberdade, por mais que seja formalmente correta, é injusta e não poderia ser aplicada.

Certos autores identificados com essa visão do direito, que vai além das normas jurídicas, ou até que independe delas, são chamados de *jusnaturalistas*, ou seja, creem na existência de um direito natural, de regras preexistentes à imposição de normas pelo Estado. Nesse sentido, a validade das normas jurídicas estaria condicionada à compatibilidade com o direito natural.

O que se nota é que o discurso jusnaturalista é, antes de tudo, um discurso ético-político, que visa a dar sentido aos conflitos e às disputas de poder, especialmente no mundo pré-contemporâneo. Já no mundo contemporâneo, são poucos os autores que se declaram jusnaturalistas, e se o fazem é para denunciar a ausência de um debate ético acerca da aplicação das normas jurídicas. Hoje em dia, a grande maioria

dos autores, até mesmo por imposição das circunstâncias sociais e econômicas do capitalismo, é juspositivista, ou seja, concebe o direito como o conjunto de
normas impostas pelo Estado.

O jusnaturalismo teve um importante papel nas
discussões sobre raça e escravidão. Muitas das justi-
ficativas para a escravidão, e para o racismo que a
amparava ideologicamente, tinham como base a
ideia de uma ordem natural que "fundamentava" a
escravidão de determinados povos e a superioridade
de outros. Portanto, leis positivas que amparavam a
escravidão nada mais faziam do que espelhar uma
ordem já determinada pela "natureza das coisas",
por "Deus" ou pela "razão". No Brasil, vale lembrar
que a razão invocada por muitos juristas do século
XIX para se opor à abolição da escravidão residia
na necessidade de se manter o respeito ao direito
natural de propriedade. E, perante o direito, escravos
eram considerados propriedade privada, mais especificamente, bens semoventes, ou seja, coisas que se
movem com tração própria, semelhantes a animais.

Entretanto, há aqueles que, em nome do mesmo
direito natural, se colocaram contrários à escravidão,
alegando ser incompatível este regime com a razão
natural ou com as leis de Deus. Luiz Gama, o maior
advogado da história do Brasil, foi também o mais
emblemático defensor dessa posição.[149] Na verdade,
como muito bem destaca a maior estudiosa de sua
obra, Lígia Fonseca Ferreira, Luiz Gama impressiona

pela vasta cultura jurídica, que aliava um conhecimento técnico assombroso do direito positivo e, ao mesmo tempo, o domínio dos meandros da filosofia política e do direito natural. Luiz Gama considerava que a escravidão não poderia ser lida como algo justo sob nenhuma hipótese, nem perante as "leis de Deus, da razão natural ou dos homens". Os defensores da escravidão para Luiz Gama encontravam-se no mais profundo e abjeto abismo moral, de tal sorte que qualquer reação contra eles seria justa, ainda que contrária à legalidade.[150]

## O direito como norma

Essa é a mais comum entre todas as concepções. O direito é, ainda que no plano científico, definido como o conjunto das normas jurídicas, ou seja, com as regras obrigatórias que são postas e garantidas pelo Estado.[151] As inúmeras leis, códigos, decretos e resoluções, ou seja, as normas estatais, seriam a expressão do que chamamos de direito.

Essa concepção do direito como norma se denomina de *juspositivismo*, e os seus críticos afirmam que essa visão impossibilita uma real compreensão do direito, uma vez que é um fenômeno complexo, que envolve aspectos éticos, políticos e econômicos que nem sempre estão contemplados nas normas jurídicas.

Se notarmos, as críticas ao juspositivismo são

bastante parecidas com aquelas feitas às concepções individualistas do racismo. E não é uma coincidência: vimos que a perspectiva individualista trata o racismo como um problema jurídico, de violação de normas, as quais, por sua vez, são tidas como parâmetros para a ordenação racional da sociedade. Tanto o racismo quanto o próprio direito são retirados do contexto histórico e reduzidos a um problema psicológico ou de aperfeiçoamento racional da ordem jurídica de modo a eliminar as irracionalidades – como o racismo, a parcialidade e as falhas de mercado.

## O direito como poder

Há ainda os que identificam o direito com o poder. De acordo com essa concepção, ainda que o direito contenha normas jurídicas, elas são apenas uma parte do fenômeno jurídico, porque a essência do que chamamos de direito é o *poder*. Sem o poder, as normas jurídicas não passariam de abstrações sem realidade, diriam alguns autores. O poder não é um elemento externo, mas o elemento preponderante, que concede realidade ao direito.[152]

A concepção do direito enquanto manifestação do poder admite que a criação e a aplicação das normas não seriam possíveis sem uma decisão, sem um ato de poder antecedente. Por exemplo: é o poder que criaria e revogaria as normas jurídicas, e somente ele permitiria que, dentre as várias interpretações possíveis de uma norma, o juiz escolhesse apenas uma.

Essa concepção do direito alarga as possibilidades de compreensão do fenômeno jurídico, para além do legalismo e do normativismo juspositivista. O direito, portanto, apresenta-se como aquilo que Michel Foucault denominou como "mecanismo de sujeição e dominação", cuja existência pode ser vista em relações concretas de poder que são inseparáveis do racismo, como nos revelam cotidianamente as abordagens policiais, as audiências de custódia e as vidas nas prisões.[153]

As concepções institucionalistas parecem compatíveis com o direito visto como manifestação do poder. Se o direito é produzido pelas instituições, as quais são resultantes das lutas pelo poder na sociedade, as leis são uma extensão do poder político do grupo que detém o poder institucional. O direito, nesse caso, é meio e não fim; o direito é uma tecnologia de controle social utilizada para a consecução de objetivos políticos e para a correção do funcionamento institucional, como o combate ao racismo por meio de ações afirmativas, por exemplo.

Mas, da mesma forma que podemos analisar a relação entre direito e poder na direção do antirracismo, a história nos mostra que, na maioria dos casos, a simbiose entre direito e poder teve o racismo como seu elemento de ligação. A ascensão ao poder de grupos políticos racistas colocou o direito à serviço de projetos de discriminação sistemática, segregação racial e até de extermínio, como nos notórios exemplos dos regimes colonial, nazista e sul-africano. Contemporaneamente, a chegada ao poder de grupos de extrema-direita em alguns países da Europa e nos Estados Unidos tem demonstrado como a legalidade coloca-se como extensão do poder, inclusive do poder racista, na forma de leis anti-imigração[154] direcionadas a pessoas oriundas de países de maioria não branca, ou da imposição de severas restrições econômicas às minorias. A conclusão é que o racismo é uma relação estruturada pela legalidade.

A crítica feita a essa concepção é que ela não dá especificidade ao direito. Ou seja, identificar o direito ao poder sem as devidas mediações estruturais não nos permitiria diferenciar o direito de outras manifestações de poder, como a política, por exemplo.

## O direito como relação social

Nessa concepção, o direito não é avistado apenas nos textos legais ou especificamente nas relações de poder, mas de forma bem mais abrangente, nas relações sociais como um todo. Porém, a sociedade é composta de muitas relações, e obviamente nem todas são jurídicas. O desafio, portanto, é saber quais dessas várias relações sociais podem ser chamadas de jurídicas.

Questão inicial: o que define uma relação como jurídica? Talvez o seu objeto ou tema. Mas novamente estaríamos diante de uma indefinição, pois o direito trata dos mais variados assuntos: política, religião, futebol, artes, família, saúde, raça etc. Mas esses mesmos assuntos também podem ser objeto da medicina, teologia, estética, ética etc.

Como ensina Alysson Leandro Mascaro, *o que define o direito não é sua quantidade, mas, sim, sua qualidade*. Em outras palavras: não são os conteúdos ou objetos de uma relação que determinam se ela é jurídica ou não, mas, sim, a forma da relação.[155] Por exemplo, o casamento é um tema caro às religiões, mas no direito o casamento assume a forma de um negócio jurídico, de um verdadeiro contrato.

Para que isso fique mais claro, façamos uma pequena, mas essencial, excursão pela história a fim de compreendermos o funcionamento de uma sociedade e como se desenvolvem as relações e seu contexto histórico. Assim, o que chamamos hoje de direito vai ganhar a forma atual apenas com o advento das sociedades capitalistas contemporâneas. Antes do mundo contemporâneo, as relações sociais eram pautadas pelos privilégios de origem feudal e, antes disso, pelo escravagismo.

Em sociedades escravagistas ou feudais, o direito é facilmente suplantado pelo poder em estado bruto, pela violência pura e simples. Não é necessária uma norma jurídica que diga quem tem direitos. O senhor de escravos ou o senhor feudal simplesmente impõe a sua vontade pela força, porque o direito e sua aplicação estão diretamente relacionados aos seus poderes pessoais.

A partir da idade moderna, os ventos do liberalismo começam a desvincular o direito do poder pessoal dos nobres, o que atinge o ápice na idade contemporânea. Com o desenvolvimento do capitalismo – baseado na troca mercantil –, o uso da força e da violência na reprodução econômica da sociedade é substituído pelo trabalho assalariado, cujo fundamento é o contrato.

O contrato, e não mais a servidão ou supostas hierarquias naturais que estabelecem o vínculo entre as pessoas, pressupõe que as partes que o firmaram são, pelo menos do ponto de vista formal, livres e iguais. A liberdade e a igualdade são formais porque não se materializam necessariamente no cotidiano dos indivíduos. Por exemplo, embora juridicamente livres, a maioria das pessoas não pode escolher se quer trabalhar ou não. O direito, portanto, se materializa em uma relação entre sujeitos de direito, ou seja, entre indivíduos formalmente livres e iguais, cuja finalidade básica é a troca.

No mundo contemporâneo, a garantia da liberdade e da igualdade dos indivíduos – valores fundamentais no capitalismo – não mais poderia ser dada por um poder pessoal, advindo de um rei, por exemplo. Seria uma contradição que um poder pessoal convivesse com um discurso de que todos são livres e iguais, além de serem sujeitos de direito. Por esse motivo, o poder político na contemporaneidade deixa de ser pessoal e passa a ser exercido por um ente impessoal, supostamente neutro e afastado da sociedade: o Estado. E é o Estado que irá impor a ordem social por meio das normas jurídicas.

As relações que se formam a partir da estrutura social e econômica das sociedades contemporâneas é que determinam a formação das normas jurídicas. O direito, segundo essa concepção, não é o conjunto de normas, mas a relação entre sujeitos de direito.[156]

E será através disto que o direito como relação social apontará para a dimensão estrutural do racismo, que não pode ser dissociado do direito, embora nem todas as manifestações racistas sejam jurídicas. É certo que atos de discriminação racial direta – e, às vezes, até indireta – são, na maioria das sociedades contemporâneas, considerados ilegais e passíveis de sanção normativa. Entretanto, principalmente a partir de uma visão estrutural do racismo, o direito não é apenas incapaz de extinguir o racismo, como também é por meio da legalidade que se formam os sujeitos racializados.

> A Lei que criminaliza os corpos pretos e empobrecidos condiciona um enquadramento marcado pela construção dos comportamentos suspeitos. E se a Lei é o Estado, o suspeito "padrão" é também um suspeito para o Estado.[157]

Apresentada uma síntese das definições de direito e suas relações com a análise estrutural do racismo, podemos reduzir a duas as visões correntes sobre a relação entre direito e racismo:

1. o direito é a forma mais eficiente de combate ao racismo, seja punindo criminal e civilmente os racistas, seja estruturando políticas públicas de promoção da igualdade;
2. o direito, ainda que possa introduzir mudanças superficiais na condição de grupos minoritários, faz parte da mesma estrutura social que reproduz o racismo enquanto prática política e como ideologia.

## Raça e legalidade

Sobre direito e raça, Achille Mbembe afirma que:

> [...] o direito foi, nesse caso, uma maneira de fundar juridicamente uma determinada ideia de humanidade dividida entre uma raça de conquistadores e outra de escravos. Só à raça dos conquistadores poderia legitimamente se atribuir qualidade humana. A qualidade de ser humano não era conferida de imediato a todos, mas, ainda que fosse, isso não aboliria as diferenças. De certo modo, a diferenciação entre o solo da Europa e o solo colonial era a consequência lógica da outra distinção, entre povos europeus e selvagens.[158]

O direito como indutor da racialização pode ser vislumbrado de forma evidente nos regimes abertamente racistas. Nos regimes colonialistas, o *Code Noire*, que significa "Código Negro", concebido em 1685 pelo jurista francês Jean-Baptiste Colbert, foi central para disciplinar a relação entre senhores e escravos nas colônias francesas.

A escalada do nazismo contou com as Leis de Nuremberg, de 1935, que retiraram a cidadania alemã dos judeus e marcaram o início oficial do projeto estatal antissemita, dentre outras coisas.

Na África do Sul, o *apartheid* foi estruturado por um grande arcabouço legal, dentre as quais merecem destaque a Lei da Imoralidade, de 1950, que criminalizava relações sexuais interraciais; a Lei dos Bantustões, de 1951, que determinava que negros fossem enviados para territórios conhecidos como *homelands* ou bantustões, e a lei da cidadania da pátria negra, de 1971, que retirava dos moradores dos bantustões a cidadania sul-africana.

Já nos Estados Unidos, até 1963, a segregação racial era oficialmente organizada pelas apelidadas Leis Jim Crow, um conjunto de normas jurídicas que estabelecia a separação entre negros e brancos no uso de bens e serviços públicos, como escolas, parques e hospitais, além de permitir que proprietários de estabelecimentos privados proibissem a entrada de pessoas negras. É importante lembrar que, ao se falar da relação entre direito e racismo, as instituições jurídicas e seus operadores – advocacia, promotorias, judiciário e escolas de direito – não podem ser olvidadas. Por isso, ainda no contexto da experiência estadunidense com o racismo estatal, duas decisões da Suprema Corte merecem menção: o Caso Dred Scott v. Sanford, de 1857, em que se decidiu que a escravidão não poderia ser juridicamente contestada e que os negros não tinham direitos de cidadania, e o Caso Plessy v. Ferguson, de 1896, em que a Corte Suprema consolidou a doutrina *separated but equal*, que significa "separados, mas iguais", permitindo a existência do regime segregacionista do Sul e suas Leis Jim Crow.

Mais recentemente, o Caso McCleskey v. Kemp, de 1987, é considerado a chancela do judiciário à reprodução do racismo, pois em nome da *colorblindness*[159]– neutralidade racial – a Suprema Corte dos Estados Unidos proibiu que fossem levadas em conta alegações de preconceito racial em condenações criminais, mesmo que apoiadas em estatísticas confiáveis, a não ser que fosse comprovada a intenção de discriminação dos agentes do Estado. Para alguns autores, a postura de neutralidade racial do judiciário, somada à política de guerra às drogas, abriu as portas para o encarceramento em massa e o extermínio da população negra, fenômeno que pode ser considerado uma renovação da segregação racial.[160]

Por outro lado, transformações sociais e econômicas, além da pressão de movimentos sociais antirracistas e anticolonialistas, impactaram a opinião pública e o sistema jurídico, produzindo mudanças importantes em relação ao tratamento da questão racial. Após a segunda grande guerra, em 1948, foi celebrada a Declaração Universal dos Direitos Humanos, ao que se seguiram inúmeros tratados e resoluções importantes acerca da questão racial, dos quais se destacam a Convenção 111, de 1958, da Organização Internacional do Trabalho (OIT), que trata da discriminação no emprego e na profissão, e a Convenção Internacional sobre a Eliminação de Todas as Formas de Discriminação Racial, de 1965.

Nos Estados Unidos, na trilha aberta pelo Movimento pelos Direitos Civis, em 1964, foi promulgado o Ato dos Direitos Civis, que extinguiu formalmente a segregação racial praticada nos Estados sulistas. Antes da promulgação do Ato pela Suprema Corte Americana, já havia se iniciado um movimento de desmonte das leis segregacionistas, como demonstrado no famoso precedente de Brown v. Board of Education, de 1954, em que se decidiu que a existência de escolas segregadas contrariava a Constituição dos Estados Unidos. Anos mais tarde, a mesma Corte decidiria, em 1978, em Regents of the University of California v. Bakke, que ações afirmativas, ou seja, políticas públicas com recorte racial, são constitucionais, posição que viria a reafirmar no Caso Grutter v. Bollinger, de 2003.

No Brasil, a legislação vem há anos tratando da questão racial. Em 1951, a Lei Afonso Arinos tornou contravenção a prática da discriminação racial. A Constituição de 1988 trouxe as disposições mais relevantes sobre o tema, no âmbito penal, ao tornar o crime de racismo inafiançável e imprescritível, disposição que orientou a Lei 7716/89, dos crimes de racismo, também conhecida como Lei Caó, em homenagem ao parlamentar Carlos Alberto de Oliveira, o propositor do projeto de lei.

O texto constitucional garante de forma explícita o respeito à diversidade religiosa – incisos VI, VII e VIII do artigo 5° –, a proteção das diversas manifestações culturais – artigo 215 –, além de estabelecer o dever de salvaguardar as terras indígenas e quilombolas – artigo 231 da Constituição e artigo 68 do ADCT, respectivamente. Por fim, a Lei 9.459/1997 acrescentou o §3° ao artigo 140 do Código Penal para que constasse o tipo penal da injúria racial ou qualificada.

São também importantes a Lei 10.639/2003, que determina o ensino de história da África e cultura afro-brasileira em todas as escolas nacionais, e a Lei 12.288/2010, conhecida como o Estatuto da Igualdade Racial, que no artigo 1° dispõe que o Estatuto é

> [...] destinado a garantir à população negra a efetivação da igualdade de oportunidades, a defesa dos direitos étnicos individuais, coletivos e difusos e o combate à discriminação e às demais formas de intolerância étnica.

Em âmbito judicial, a experiência brasileira produziu importantes decisões sobre o tema, com destaque para o julgamento pelo STF do Habeas Corpus 82.424 – conhecido como caso Ellwanger –, que reafirmou a imprescritibilidade do crime de racismo e deu início a uma importante discussão sobre os limites entre liberdade de expressão e discurso de ódio.

A Constituição deu base, especialmente nos artigos 1º, 3º e 5º, para a implementação de políticas de promoção da igualdade racial ou de ação afirmativa. Ações afirmativas são políticas públicas de promoção de igualdade nos setores público e privado, e que visam a beneficiar minorias sociais historicamente discriminadas. Tais políticas podem ser realizadas das mais diversas modalidades e ser aplicadas em inúmeras áreas. As cotas raciais são apenas uma modalidade, uma técnica de aplicação das ações afirmativas, que podem englobar medidas como pontuação extra em provas e concursos, cursos preparatórios específicos para ingresso em universidades ou no mercado de trabalho, programas de valorização e reconhecimento cultural e de auxílio financeiro aos membros dos grupos beneficiados.

As políticas de ação afirmativa encontram ampla fundamentação em nosso ordenamento jurídico, como também em preceitos ético-políticos que foram incorporados pelo constitucionalismo contemporâneo, como as ideias de justiça corretiva e justiça distributiva.[161] Esses conceitos de justiça atuam como parâmetros para a interpretação das normas que estabelecem a erradicação da marginalização social como um objetivo constitucional.

A ideia de diversidade tem sido bastante destacada nos últimos anos na justificação das ações afirmativas. É bom que se diga que a diversidade é a ideia estruturante das já mencionadas decisões da Suprema Corte Americana que, em 1978 e 2003, reafirmaram a constitucionalidade das ações afirmativas com recorte racial (nos casos Regents of the University of California v. Bakke e Grutter v. Bollinger). Para a Suprema Corte Americana, a diversidade se traduzia em uma vantagem para toda a sociedade, pois o convívio de diferentes visões de mundo só tenderia a fortalecer a democracia. É por esse motivo que o conceito de diversidade se tornou um princípio de política pública nos Estados Unidos seguido por entidades públicas e privadas,[162] fato que pode ser observado pelas agências governamentais, instituições de ensino e empresas privadas de renome internacional que adotam ações afirmativas de corte étnico-racial como parte estruturante de suas atividades.

Entre os vários precedentes da Suprema Corte brasileira sobre a constitucionalidade das ações afirmativas, destacamos: MC-ADI 1.276-SP, Rel. Min. Octávio Gallotti; a ADI 1.276/SP, Rel. Min. Ellen Gracie; o RMS 26.071, Rel. Min. Ayres Britto e a ADI 1.946/DF, Rel. Min. Sydnei Sanches, MC-ADI 1.946/ DF, Rel. Min. Sydnei Sanches, e o que versou sobre as cotas raciais nas universidades, a ADPF 186, relatada pelo ministro Ricardo Lewandowski.

Ao permitir que membros de grupos sociais historicamente discriminados participem de espaços em que decisões importantes são tomadas ou que pertençam a instituições que gozam de prestígio, espera-se como efeito político:

> a) o fortalecimento dos laços sociais, impedindo o isolamento de grupos e retirando a força de práticas discriminatórias;
> b) o exercício da pluralidade de visões de mundo e a dedução de interesses aparentemente específicos do grupo, que agora, com voz ativa, poderá participar da produção de um "consenso", dando legitimidade democrática às normas de organização social;
> c)a redistribuição econômica, uma vez que a maior dificuldade de acesso ao mercado de trabalho é característica marcante em membros de grupos historicamente discriminados.

## Direito e antirracismo

Embora a resistência contra o racismo tenha raízes mais antigas, foi no século XX que os movimentos sociais assumiram um decisivo protagonismo político. Além da luta política – que envolveu disputas institucionais e até combates armados –, os movimentos sociais formaram intelectuais de produção variada e constituídos sob a influência das mais diversas matrizes culturais e ideológicas, que dialogaram, mesmo que de modo tenso e muito crítico, com vertentes liberais, existencialistas e marxistas, o que se pode observar na tradição de estudos decoloniais e pós-coloniais. O certo é que a experiência política e intelectual dos movimentos sociais serviu para inspirar práticas políticas e pedagógicas inovadoras que contestaram firmemente os fundamentos do racismo.

Particularmente no campo do direito, o antirracismo assumiu tanto a forma de militância jurídica nos tribunais a fim de garantir a cidadania aos grupos minoritários, como também a de produção intelectual, cujo objetivo foi forjar teorias que questionassem o racismo inscrito nas doutrinas e na metodologia de ensino do direito. Há vários exemplos de como as contradições do sistema jurídico foram utilizadas de forma estratégica, não apenas pelos juristas, mas também pelas pessoas que foram e ainda são sistematicamente prejudicadas pelo sistema. A história nos mostra como explorados e oprimidos estabeleceram modos de vida, estratégias de sobrevivência e de resistência utilizando-se das ferramentas do direito. No Brasil, Luiz Gama foi o grande exemplo desta luta antissistêmica, pois sabia que o direito era uma ferramenta dos senhores, a qual é preciso saber manejar para, no momento oportuno, voltá-la contra o próprio senhor. É importante reiterar que Luiz Gama não partilhava da ilusão de que o direito era o reino da salvação; era apenas uma das armas que, na luta pela liberdade, poderiam e deveriam ser utilizadas contra os senhores.

Na busca pela sobrevivência, outras pessoas escravizadas também recorreram às autoridades, ainda que se arriscando a perder não só a ação judicial, mas também a própria vida. É emblemática a história de Esperança Garcia, mulher escravizada que no Brasil do século XVIII endereçou carta às autoridades pedindo que fizessem cessar o sofrimento que o senhor lhe impingia.

Contra a corrente daqueles que viam os escravos como "coisa", que não reconheciam a possibilidade de escravos e escravas de planejar ações estratégicas de luta pela liberdade, Sidney Chalhoub afirma que

> Algumas pessoas ficarão decepcionadas com as escolhas desses escravos que lutaram pela liberdade, resolutamente por certo, mas sem nunca terem se tornado abertamente rebeldes como Zumbi. Essa é uma decepção que temos que absorver, e refletir sobre ela, pois para cada Zumbi com certeza existiu um sem-número de escravos que, longe de estarem passivos ou conformados com sua situação, procuraram mudar sua condição através de estratégias mais ou menos previstas na sociedade na qual viviam. Mais do que isso, pressionaram pela mudança, em seu benefício, de aspectos institucionais, daquela sociedade. E que os defensores da teoria do escravo-coisa

> não me venham com a afirmação de que tais
> opções de luta não são importantes: afinal
> combater no campo das possibilidades lar-
> gamente mapeado pelos adversários é exata-
> mente o que fazem ao insistirem em Zumbi e
> sua rebeldia negra.[163]

O mesmo uso estratégico do direito pode ser observado na luta antirracista contemporânea. Mais uma vez tomando como exemplo a experiência dos advogados e advogadas do Movimento pelos Direitos Civis, basta dizer que tiveram participação decisiva no desmonte do sistema normativo da segregação racial e nas conquistas de cidadania, tarefa na qual utilizaram dois argumentos jurídicos fundamentais: a promoção da pluralidade e da diversidade e a necessidade de reparação histórica às minorias.

Entre os anos 1970 e 1980, surgiu nos Estados Unidos o movimento do Critical Race Theory[164] – Teoria da Crítica Racial –, liderado por professores como Derrick Bell, Richard Delgado, Kimberle Crenshaw,[165] Mari Matsuda[166] e Patricia Williams[167]. Estes juristas introduziram um interessante debate sobre a relação entre racismo, direito e poder, uma vez que consideravam a condição de negros, latinos e asiáticos fator determinante na aplicação do direito. Nessa trilha, os autores ligados ao Critical Race Theory – que também são muito diversificados –, ao analisarem a relação entre racismo, direito e poder, tomaram como pontos de partida: a crítica ao liberalismo e à ideia de neutralidade racial; crítica à predominância teórica do eurocentrismo, inclusive nas práticas pedagógicas; a narrativa de casos jurídicos de forma a destacar a experiência racial (*storytelling*); crítica ao essencialismo filosófico; o uso da interseccionalidade na análise jurídica – consideração sobre as questões de raça, gênero, sexualidade e classe; estudos sobre a formação do privilégio social branco – branquitude ou branquidade.

No Brasil, os movimentos sociais tiveram grande participação na construção dos direitos fundamentais e sociais previstos na Constituição de 1988 e nas leis antirracistas, como a Lei 10.639/2003, as de cotas raciais nas universidades federais e no serviço público, no Estatuto da Igualdade Racial e também nas decisões judiciais, inclusive com contribuições técnicas e teóricas de grande relevância. Ainda assim, é sabido que o destino das políticas de combate ao racismo está, como sempre esteve, atrelado aos rumos políticos e econômicos da sociedade.

RACISMO E ECONOMIA

## RACISMO E DESIGUALDADE

Falar sobre raça e economia é essencialmente falar sobre desigualdade. Tanto para aqueles que definem a economia como a ciência que se ocupa da escassez, como para os que a consideram como o conjunto das relações de produção, o certo é que a economia deve responder a uma série de questões que mobilizam muito mais do que cálculos matemáticos ou planilhas: como a sociedade se organiza para produzir as condições necessárias para a sua continuidade? Como o trabalho social é dividido? Qual o critério para definir o pagamento de salários?

Estas questões demonstram, em primeiro lugar, que a ideia de desigualdade é um ponto nodal das teorias econômicas, as quais não poderão ignorá-la, e, em segundo lugar, que a economia só pode tentar responder a essas questões apelando para a política, a ética, a sociologia e o direito. A desigualdade pode ser expressa em dados estatísticos e quantificada matematicamente, mas sua explicação está na compreensão da sociedade e de seus inúmeros conflitos.

Peguemos o exemplo dos salários. Por meio de números posso constatar que há pessoas que recebem salários menores do que outras, ainda que com a mesma formação, exercendo as mesmas funções e com jornadas superiores. A explicação para esta distinção terá de ir além dos números, cuja importância não se nega.

Nesse sentido, a explicação mais vulgar atribui a desigualdade salarial ao mérito, ou seja, ao desempenho individual do trabalhador ou trabalhadora. Pode ser que exercendo a mesma função, nas mesmas condições contratuais e ainda que com jornada inferior, um trabalhador ou trabalhadora seja mais eficiente, o que justificaria um salário maior, condizente com sua produtividade. Por este prisma, a desigualdade vista nos números tem fundamento moral e jurídico, já que o mérito, expresso na eficiência e na produtividade dos indivíduos, a naturaliza.

O problema todo é quando a produtividade e a eficiência não podem ser invocados como fatores explicativos das diferenças salariais. E quando as estatísticas mostram que, independentemente da produtividade, pessoas de um determinado grupo social, como negros e mulheres, ganham salários menores? Como explicar o fato de que pessoas negras e mulheres encontram-se majoritariamente alocados nos postos de trabalho de baixa remuneração e considerados precários? Como explicar as maiores taxas de desemprego entre pessoas negras?

Há anos inúmeras pesquisas têm demonstrado que a raça é um marcador determinante da desigualdade econômica, e que direitos sociais e políticas universais de combate à pobreza e distribuição de renda que não levam em conta o fator raça/cor mostram-se pouco efetivas.[168] Desde o fim da Segunda Guerra Mundial, e seus efeitos devastadores, alguns pesquisadores têm buscado dar atenção ao fator racial no âmbito econômico. Nos Estados Unidos dos anos 1940, portanto, no período em que vigorava a segregação racial naquele país, duas obras marcantes e polêmicas se debruçaram sobre a relação entre raça e economia: *An American Dillema: the Negro Problem and the American Democracy*,[169] de Gunnar Myrdal (1944), e *Caste, Class and Race*,[170] de Oliver Cromwell Cox (1948).

Em *An American Dillema*, Myrdal, que em 1974 viria a dividir o Prêmio Nobel de Economia com Friedrich Hayek, aponta a profunda contradição da sociedade estadunidense, que se divide entre a crença nos valores liberais e democráticos, enquanto sustenta uma discriminação racial sistêmica contra a população negra. Embora em Myrdal se observe uma problemática e limitada redução do racismo a um dilema moral, sua análise é de grande importância, pois conseguiu descrever de forma ampla o problema racial nos Estados Unidos, inclusive em seus efeitos econômicos.

Para Myrdal, a situação da população negra poderia ser explicada pelo que denominava de *causas cumulativas*. Um exemplo: se pessoas negras são discriminadas no acesso à educação, é provável que tenham dificuldade para conseguir um trabalho, além de terem menos contato com informações sobre cuidados com a saúde. Consequentemente, dispondo de menor poder aquisitivo e menos informação sobre os cuidados com a saúde, a população negra terá mais dificuldade não apenas para conseguir um trabalho, mas para permanecer nele. Além disso, a pobreza, a pouca educação formal e a falta de cuidados médicos ajuda a reforçar os estereótipos racistas, como a esdrúxula ideia de que negros têm pouca propensão para trabalhos intelectuais, completando-se assim um circuito em que a discriminação gera ainda mais discriminação.

Para Myrdal, o tratamento dispensado aos negros pelos norte-americanos era incompatível com uma economia avançada e que pretendia ser democrática. Por seus efeitos deletérios, o problema racial deveria ser visto como também dos brancos e de toda a sociedade dos Estados Unidos. Utilizando lentes keynesianas para olhar um mundo conformado pelo fordismo, Myrdal propõe que as instituições como o Estado, as escolas, os sindicatos e as igrejas, de maneira compatível com a crença americana nos valores da liberdade e da igualdade, atuem para reduzir o preconceito contra os negros. Há em Myrdal uma evidente crença na possibilidade de racionalização da sociedade, que marca o pensamento econômico desenvolvimentista. Por isso, ele considerava essencial para o rompimento do círculo vicioso do racismo a integração da população negra à sociedade industrial.

Ainda nos Estados Unidos, o sociólogo negro Oliver Cox em seu vultoso *Caste, Class and Race* propõe a tese de que o racismo é derivado das relações econômicas capitalistas e compõe um aspecto essencial da luta de classes. De orientação marxista, Cox considera que o antagonismo racial é um fenômeno surgido na modernidade, não verificado em sociedades pré-modernas. Segundo o estudioso, a exploração e o preconceito racial desenvolveram-se entre europeus com o surgimento do capitalismo e do nacionalismo, e conclui que

> [...] por conta das ramificações mundiais do capitalismo, todos os antagonismos raciais podem ser relacionados às políticas e atitudes dos principais povos capitalistas, as pessoas brancas da Europa e da América do norte.[171]

O ódio racial é, para Cox, o "suporte natural" da exploração capitalista.[172] Oliver Cox foi um crítico mordaz das posições liberal-keynesianas defendidas por Gunnar Myrdal, a quem considerava um "moralista inveterado" que não se preocupava com problemas relacionados ao poder, mas com o problema da "regeneração do indivíduo por meio de pregações idealistas".[173]

Ainda que de maneiras muito distintas, as monumentais obras de Gunnar Myrdal e Oliver Cox têm em comum o fato de não tratarem o racismo como algo exterior à economia, mas como integrante das relações socioeconômicas. A solução do racismo envolveria algum tipo de mudança institucional e reorientação moral – segundo Myrdal – ou até mesmo estrutural e revolucionária – segundo Cox –, que, de um modo ou de outro, exigiriam interferências na relação Estado/mercado, e não apenas em comportamentos.

Nesse contexto, outras teorias econômicas da discriminação surgiram para se opor à possibilidade de intervenção do Estado no mercado. Tais teorias, valendo-se dos parâmetros neoclássicos do pensamento econômico,[174] buscam explicar a discriminação sob o ponto de vista comportamental e como um elemento externo e estranho à regularidade da economia e suas instituições fundamentais.

A primeira de que falaremos é a chamada *teoria da discriminação por preferência ou da propensão à discriminação*. Segundo esta teoria, exposta em 1957 pelo economista Gary Becker na obra *A economia da discriminação*,[175] o racismo é o resultado de um comportamento orientado por informações insuficientes ou por ignorância. Como, segundo a ética utilitarista adotada pelos economistas neoclássicos, os indivíduos agem visando à otimização racional dos recursos disponíveis, um racista discrimina uma pessoa negra porque simplesmente a vê como uma *desutilidade*, ou seja, algo que não lhe dará retorno em produtividade – ou ainda pior, que resulta em despesa. De acordo com esta teoria, o racista é alguém que, além de propenso à discriminação por questões psicológicas, não passa de um ignorante, uma pessoa mal informada, a qual acredita que a raça interfere na produtividade.

O racismo aqui não é apenas algo prejudicial ao capitalista e aos trabalhadores negros, mas a todo o capitalismo, visto que o preconceito e a ignorância impedem a otimização da produtividade e do lucro. O racista é aquele que deixa de contratar alguém mais ou igualmente produtivo por ter uma preferência irracional por pessoas que se pareçam física e/ou culturalmente consigo. Desse modo, a discriminação econômica é a soma de comportamentos individuais baseados em preconceitos e uma falha de mercado no que se refere às informações disponíveis. Segundo este argumento, é preciso, então, que o mercado eduque o agente para que ele aprenda que não há diferença na produtividade de pessoas negras e brancas.

Já a *teoria do capital humano* assume a postura de considerar diferentes os níveis de produtividade de trabalhadores negros e brancos. Tira-se o peso dos comportamentos individuais, como na teoria da propensão à discriminação, e aposta-se nas *falhas de mercado* como explicação para a desigualdade, no caso, as falhas educacionais. Em suma: brancos e negros são desigualmente produtivos porque a discriminação histórica contra os negros criou um passivo educacional que realmente faz dos brancos detentores de um capital humano diferenciado. Assim, a justificativa da discriminação pela propensão a discriminar é insuficiente, já que o problema da desigualdade salarial residiria na baixa qualidade das escolas, na discriminação em relação ao nível educacional e, por fim, à discriminação racial.[176]

O que se pode concluir destas duas leituras neoclássicas do problema da discriminação? Fica evidente uma *concepção individualista do racismo*. As desigualdades salariais ou relativas às condições de trabalho com base na raça ou no gênero são tidas como efeitos de comportamentos irracionais de alguns agentes econômicos. *O uso da palavra "preconceito" no lugar de racismo serve para reforçar a visão psicologizante e individualista do fenômeno.*

Neste modelo, a desigualdade é eticamente justificável desde que fundada sob o mérito individual. A igualdade de oportunidades alude ao ideal de um ambiente meritocrático, em que os indivíduos possam empreender livremente e concorrer entre si. Assim, fora da meritocracia, a desigualdade salarial é uma ilicitude, uma vez que violaria o princípio da igualdade formal. Portanto, seria mister das autoridades competentes e do judiciário coibir tal comportamento ilegalmente discriminatório.

Há ainda uma terceira teoria econômica que merece nossa atenção por destacar os aspectos sistêmicos e até inconscientes da discriminação: a *teoria da discriminação estatística*. Esta teoria defende que a desigualdade racial e de gênero é fruto de decisões tomadas pelos agentes de mercado, com base em preconceitos estabelecidos na sociedade. Desse modo, as diferenças salariais entre grupos raciais e sexuais não surgem da intenção deliberada em discriminar ou pela aversão a minorias, mas pela persistência de práticas rotineiras, estatisticamente predominantes no mercado. Como é praxe no mercado o pagamento de salários menores para homens negros e mulheres negras, a decisão "racional" de um empresário, ou seja, de um agente econômico que queira maximizar seus lucros, é seguir a tendência do mercado e pagar salários de acordo com a média já estabelecida. A decisão de pagar o mesmo para negros e brancos ou para homens e mulheres é "irracional", visto que com isso o capitalista teria "prejuízo", considerando a média do mercado. A grande vantagem dessa teoria em relação às duas anteriormente referidas é demonstrar que a desigualdade racial e de gênero não é produto da intencionalidade dos indivíduos, nem do nível educacional dos agentes econômicos, mas de um sistema que funciona com base em perfis raciais e preconceitos *institucionalizados*.

Entretanto, a decisão de seguir a média do mercado nem sempre se mostra a mais inteligente em termos negociais, tendo em vista que as transformações sociais e econômicas ocorridas nas últimas décadas estabeleceram a diversidade e o respeito às minorias como um "ativo" das empresas, que podem, caso não se atentem para questões de raça, gênero e sexualidade, ter sérios prejuízos financeiros e de imagem.

Mas o que a teoria da discriminação estatística também aponta é que a maneira como as decisões são tomadas, com base nos parâmetros médios – e racistas – predominantes no mercado, acaba por afetar negativamente os comportamentos, a autoestima e as expectativas dos indivíduos do grupo discriminado, o que a psicologia social denominou de *ameaça do estereótipo* (*stereotype treath*).[177] Por ter conhecimento das barreiras realmente existentes no mercado de trabalho, especialmente em áreas como medicina, direito e engenharia, membros de grupos minoritários sentem-se desestimulados a estudar e a competir por vagas nessas profissões, pois já internalizaram os estereótipos que compõem a visão média da sociedade acerca do desempenho deles. O que se observa neste quadro é a reprodução do ciclo de preconceitos e o reforço aos estereótipos pelos quais o mercado se autorregula.

Podemos ver que as teorias neoclássicas da discriminação, com todas as diferenças que possam guardar entre si, têm em comum o fato de atribuírem a desigualdade racial e de gênero nas relações de trabalho a falhas de mercado, ou seja, à insuficiência de informações disponíveis aos agentes econômicos ou à existência de obstáculos institucionais – políticos ou jurídicos – que impedem a tomada de decisões racionais destes mesmos agentes. O excesso de intervenção do Estado, leis limitadoras da liberdade contratual e educação insuficiente seriam os reais motivos da ignorância que levaria a práticas discriminatórias. Neste sentido, caberia ao Estado – desde que sem maiores interferências na dinâmica das relações privadas –, mas, preferencialmente, ao próprio mercado, remover as barreiras para a tomada de decisões racionais – leia-se, orientadas para a maximização do lucro e para o aumento da produtividade. Em geral, as teorias neoclássicas da discriminação consideram muito pouco relevante o impacto da discriminação racial na economia, o que não justificaria o desequilíbrio que as intervenções estatais são capazes de provocar no mercado.

Todavia, o que é mais impressionante é a enorme difusão das teorias neoclássicas da discriminação. Como a tendência das teorias da discriminação neoclássicas é ver o racismo como um problema comportamental – em evidente aposta no individualismo metodológico –, as soluções serão sempre fixadas no aumento do investimento na formação educacional dos indivíduos, visando ao mercado de trabalho. Esse argumento cumpre três funções importantes: reduzir o racismo a um problema ideológico, sem destacar as questões políticas e econômicas que o envolvem;

a) desviar o debate racial para o campo da meritocracia, já que o racismo viraria um problema de superação pessoal;

b) responsabilizar o indivíduo pelo próprio fracasso diante de um cenário de precariedade no sistema de educação.

Esta questão se torna ainda mais curiosa se olharmos para o debate brasileiro sobre as cotas raciais. Embora acreditando que o problema do racismo – e da desigualdade – seja educacional, muitas pessoas foram contrárias às políticas de cotas. Isso se explica pelo fato de que no Brasil a universidade não é apenas um local de formação técnica e científica para o trabalho, mas um espaço de privilégio e destaque social – um lugar que, no imaginário social produzido pelo racismo, foi feito para pessoas brancas. O aumento de negros no corpo discente das universidades tem, portanto, impactos ideológicos e econômicos, pois, ainda que timidamente, tende a alterar a percepção que se tem sobre a divisão social do trabalho e a política salarial.

Ao mesmo tempo, há defensores das políticas de ação afirmativa que partem do referencial neoclássico. Há, com efeito, como se estabelecer a defesa das ações afirmativas segundo o argumento da otimização racional dos recursos. Se tenho dois candidatos a uma vaga de emprego, uma mulher negra e um homem branco, seria totalmente racional se eu optasse pela mulher negra. Isso porque posso pressupor, com boas chances de acerto, que, em uma sociedade em que há discriminação de raça e gênero – seja por preferências, seja por falhas de mercado –, uma mulher negra teve de superar muitos obstáculos e demonstrar excepcional resiliência e inteligência para chegar no mesmo patamar de uma pessoa branca. Posso concluir que ela será mais produtiva e com ela obterei mais lucro. Deste modo, optar por pessoas negras quando estas estão concorrendo em igualdade de condições é privilegiar o *mérito*, o esforço e a capacidade de superação individual.

Este argumento faz todo o sentido da ótica que considera a meritocracia como o princípio ético norteador das diferenças. Entretanto, se observarmos por uma angulação mais aberta, o que está subjacente nesta forma de ver o problema das ações afirmativas é que o reconhecimento do mérito, quando se trata de pessoas negras, traz como uma espécie de condição *sine qua non* o sofrimento individual. Aqueles que, por alguma razã,o não conseguiram suportar o peso político, econômico e psicológico do racismo em suas trajetórias não se enquadrariam na lógica meritocrática.

## UMA VISÃO ESTRUTURAL DO RACISMO E DA ECONOMIA

Apesar da enorme repercussão alcançada pelas concepções individualistas do racismo, a teoria econômica ofereceu importantes contribuições que se ampararam em uma perspectiva estrutural, a qual obriga a economia a voltar-se novamente para a sua dimensão política.

A base da constituição da sociedade capitalista – a troca mercantil – não é um dado natural, mas uma construção histórica. O mercado ou sociedade civil não seria possível sem instituições, direito e política. Como nos adverte Robert Boyer, "as instituições básicas de uma economia mercantil pressupõem atores e estratégias para além dos atores e estratégias meramente econômicos".[178]

Para demonstrar como o mercado é de fato uma construção social, Boyer conta-nos como a intervenção estatal direta ou indireta foi imprescindível para:

1. tornar possível a concorrência, estipulando regras e limites à atuação das empresas. A concorrência que muitos consideram da "natureza" do capitalismo só é possível pela mediação entre as esferas pública e privada;
2. liberar as forças de concorrência do trabalho, o que historicamente implicou a regulação das relações salariais, ora pelo direito privado – privilegiando regras pactuadas pela negociação entre capital e trabalho –, ora ao denominado direito social – com imposição de certos limites ao contrato. Nesse sentido, a intervenção estatal

> [...] é mais evidente ainda quando referente
> à cobertura social: as lutas dos assalariados
> pelo reconhecimento dos acidentes de traba-
> lho, dos direitos à aposentadoria e à saúde
> resultaram em casos de avanço em matéria
> de direitos sociais – avanços que dizem res-
> peito tanto à natureza da cidadania quanto
> ao modo de regulação.[179]

Assim como o mercado de maneira geral é forjado por relações históricas,[180] estatais e interestatais, a relação salarial, independentemente de quais mecanismos jurídico-políticos atuam na fixação de seus parâmetros, não é resultado de "forças espontâneas", mas é decorrente de diversas mediações sociais e político-estatais nas quais questões como raça e gênero farão parte.

É nesse sentido que, além das condições objetivas – e aqui referimo-nos às possibilidades materiais para o desenvolvimento das relações sociais capitalistas –, o capitalismo necessita de *condições subjetivas*. Com efeito, os indivíduos precisam ser formados, subjetivamente constituídos, para reproduzir em seus atos concretos as relações sociais, cuja forma básica é a troca mercantil. Nisso, resulta o fato de que um indivíduo precisa tornar-se um trabalhador ou um capitalista, ou seja, precisa naturalizar a separação entre Estado e sociedade civil, sua condição social e seu pertencimento a determinada classe ou grupo. Esse processo, muitas vezes, passa pela incorporação de preconceitos e de discriminação que serão atualizados para funcionar como modos de subjetivação no interior do capitalismo. Este processo não é espontâneo; os sistemas de educação e meios de comunicação de massa são aparelhos que produzem subjetividades culturalmente adaptadas em seu interior. Não é por outro motivo que parte da sociedade entende como um mero aspecto cultural o fato de negros e mulheres receberem os piores salários e trabalharem mais horas, mesmo que isso contrarie disposições legais.

No *Relatório anual das desigualdades raciais no Brasil: 2009-2011*, Marcelo Paixão afirma que:

> No plano econômico, a discriminação atua diferenciando, entre os grupos étnico-raciais, as probabilidades de acesso aos ativos econômicos e mecanismos favorecedores à mobilidade social ascendente: empregos, crédito, propriedades, terra, educação formal, acesso às universidades, qualificação profissional, treinamentos no emprego (*job-training*). No plano dos direitos sociais, a discriminação opera tolhendo, aos grupos discriminados, o acesso à justiça e à proteção policial contra a violência, bem como criando barreiras ao acesso aos bens de uso coletivo nos planos educacional, ao sistema de saúde e à realização de investimentos públicos nas áreas mais frequentes de residência etc. No plano legal, quando chegam a este ponto, as práticas discriminatórias contra o outro acabam sendo expressas institucionalmente, passan-

do a integrar o corpo das leis da nação, tal como revela a experiência de países como, por exemplo, Estados Unidos (até os anos 1960, quando começaram a ser superadas) e África do Sul (até 1994, quando, socialmente, se encerrou o apartheid)[181].

Ao referir-se especificamente à economia, ou em outros termos, ao processo de acumulação capitalista, Pedro Chadarevian faz uma síntese do que os diferentes autores heterodoxos da teoria econômica do racismo entendem como mecanismos de discriminação racial. A saber:

a) a divisão racial do trabalho;
b) o desemprego desigual entre os grupos raciais;
c) o diferencial de salários entre trabalhadores negros e brancos;
d) a reprodução – física e intelectual – precária da força de trabalho negra.

Portanto, a análise do racismo sob o ponto de vista econômico-estrutural nos leva a duas conclusões:

1. O racismo se manifesta no campo econômico de forma objetiva, como quando as políticas econômicas estabelecem privilégios para o grupo racial dominante ou prejudicam as minorias. Um exemplo disso é a tributação. Em países como o Brasil, em que a tributação é feita primordialmente sobre salário e

consumo – que pesa principalmente sobre os mais pobres e os assalariados –, em detrimento da tributação sobre patrimônio e renda, que incidiria sobre os mais ricos –, a carga tributária torna-se um fator de empobrecimento da população negra, especialmente das mulheres, visto que estas são as que recebem os menores salários.[182] Segundo o relatório da pesquisa *As implicações do sistema tributário na desigualdade de renda*, sendo a carga tributária brasileira regressiva,

[...] pois mais da metade dela incide sobre o consumo, isto é, está embutida nos preços dos bens e serviços, a consequência é que as pessoas com menor renda (por exemplo, as mulheres negras) pagam proporcionalmente mais tributos do que aquelas com renda mais elevada. Com isso, pode-se concluir que a regressividade do sistema tributário, ou seja, o financiamento das políticas públicas brasileiras quanto ao peso dos tributos, recai sobre as mulheres e os/as negros/as. Os dados indicam que as mulheres negras pagam proporcionalmente, em relação aos seus rendimentos, muito mais tributos do que os homens brancos. Com isso, qualquer política econômica, fiscal e orçamentária que mereça ser levada a sério precisa incorporar o debate da desigualdade racial [...].

2. O racismo se manifesta no campo econômico de forma subjetiva. Como lembra Michael Reich, o racismo, de formas não propriamente econômicas, ajuda a legitimar a desigualdade, a alienação e a impotência ne-

cessárias para a estabilidade do sistema capitalista.[183] O racismo faz com que a pobreza seja
ideologicamente incorporada quase que como
uma condição "biológica" de negros e indígenas, naturalizando a inserção no mercado de
trabalho de grande parte das pessoas identifi-
cadas com estes grupos sociais com salários
menores e condições de trabalho precárias.

## Racismo e subsunção real do trabalho ao capital

Poder-se-ia dizer que o racismo normaliza a superexploração do trabalho,[184] que consiste no pagamento
de remuneração abaixo do valor necessário para a
reposição da força de trabalho e maior exploração
física do trabalhador, o que pode ser exemplificado
com o trabalhador ou trabalhadora que não consegue
com o salário sustentar a própria família ou o faz
com muita dificuldade, e isso independentemente do
número de horas que trabalhe. A superexploração do
trabalho ocorre especialmente na chamada *periferia
do capitalismo*, onde em geral se instalou uma lógica
colonialista. O racismo, certamente, não é estranho
à expansão colonial e à violência dos processos de
acumulação primitiva de capital[185] que liberam os
elementos constitutivos da sociedade capitalista.[186]

Entretanto, há três indagações que nos colocam
diante de um impasse em face desta boa explicação
funcional do racismo:

1. a existência de racismo e superexploração nos países desenvolvidos ou centrais, que se dirige tanto a nacionais como a imigrantes;
2. o racismo que se manifesta fora das relações de produção, como na violência policial contra minorias;
3. o fato de que uma mesma formação social possa abrigar os mais diversos modos e níveis de exploração, podendo um trabalhador assalariado e com direitos sociais conviver com um trabalhador que produza em condições análogas à escravidão, inclusive na mesma cadeia produtiva.[187]

Propomos uma possível resposta a essas questões com base nos conceitos de *subsunção formal do trabalho ao capital* e *subsunção real do trabalho ao capital*.

Estes dois conceitos são utilizados por Marx na descrição das fases constitutivas das relações de produção capitalistas. Na subsunção formal, o trabalho, embora já organizado segundo padrões e objetivos do capitalismo, mantém-se praticamente inalterado em relação à maneira de produzir nas corporações de ofício ou nas oficinas de artesanato do mundo medieval. O trabalhador, nesse caso, fará no ambiente da fábrica a mesma atividade que ele fazia em sua oficina, só que agora nas condições formais do capitalismo. O trabalhador continua sendo o dono da técnica de produção, mas agora ele é assalariado.

Já a subsunção real[188] corresponde à etapa em que a produção está totalmente sob o controle do capital.

Nesta quadra, não há espaços para a intromissão de elementos que destaquem a pessoalidade ou a individualidade do trabalhador. A automação do processo produtivo e o avanço tecnológico tornam o trabalho realmente abstrato, no sentido de que as características e habilidades individuais dos trabalhadores tornam-se indiferentes à produção capitalista. Nessa fase, pode-se trocar um trabalhador por outro, que isso não fará a menor diferença: basta treinar outro indivíduo e ele fará o mesmo. A técnica da produção já não é mais do trabalhador, é do capital, e assim pouco importam as características pessoais do trabalhador.

Referindo-se à subsunção real, Étienne Balibar chama a atenção para o fato de que a subsunção real do trabalho ao capital

> [...] vai muito além da integração do trabalhador ao mundo do contrato de rendas monetárias, do direito e da política oficial: implica uma transformação da individualidade humana que se estende desde a educação da força de trabalho até a formação de uma ideologia dominante suscetível de ser adotada pelos próprios dominados.[189]

A suscetibilidade a que se refere Balibar revela que a subsunção real designa a instituição de um "ponto de não retorno do processo de acumulação ilimitada e de valorização do valor".[190] A subsunção real do trabalho ao capital só é compreensível no nível concreto das relações sociais, em que experiências sociais das mais diversas são integradas à dinâmica do capitalismo.

É neste ponto que a relação estrutural entre racismo e capitalismo demonstra uma incrível sutileza, visto que nacionalismo e racismo são práticas ideológicas que traduzem a comunidade e o universalismo necessários ao processo de subsunção real do trabalho ao capital, adaptando tradições, dissolvendo ou institucionalizando costumes, dando sentido e expandindo alteridades, a partir das especificidades de cada formação social na integração à organização capitalista da produção.

É a predominância, e não a exclusividade, do trabalho assalariado que fornece o índice do desenvolvimento das relações capitalistas em uma dada formação social. Isso significa que as condições estruturais do capitalismo estão dadas quando se constitui a predominância – e devemos insistir, não a exclusividade – do trabalho assalariado. Nesse passo, há que se lembrar que a subjetividade jurídica – condição essencial para a realização das trocas – se exterioriza no momento da circulação mercantil, que obviamente é determinada pela produção. Mas, a depender das formações sociais, da conjuntura e das articulações econômicas no plano interno e internacional, a produção capitalista e a exploração que lhe é inerente pode se utilizar do trabalho compulsório e de estratégias violentas de controle da produção.

Assim, a existência de escravidão ou formas cruéis de exploração do trabalho não é algo estranho ao capitalismo, mesmo nos ditos países desenvolvidos, onde predomina o trabalho assalariado. No capitalismo dividem espaço e concorrem entre si trabalhadores assalariados bem pagos, mal pagos, muitíssimo mal pagos, escravizados, grandes, médios e pequenos empresários, profissionais liberais etc.

## O racismo e sua especificidade

Ao tratar dos debates historiográficos sobre a formação da economia brasileira, Rafael Bivar Marquese reafirma a necessidade de que as "relações entre trabalho assalariado e trabalho escravo sejam vistas não como externas umas às outras, mas como estrutural e dialeticamente integradas". E completa afirmando que "a escravidão deve ser apreendida por meio de sua relação, via mercado mundial, com as outras formas de trabalho que o constituem, sejam assalariadas ou não".[191]

O que Rafael Bivar Marquese acusa em relação à escravidão serve também para dar sequência à análise do racismo. Tal como a escravidão, o racismo não é um fenômeno uniforme e que pode ser entendido de maneira puramente conceitual ou lógica. A compreensão material do racismo torna imperativo um olhar atento sobre as circunstâncias específicas da formação social de cada Estado. Por isso é temerário dizer que todos os nacionalismos sejam iguais e que o racismo se manifeste da mesma forma em todos os lugares. Em comum, nacionalismos e racismos têm:

1. a articulação com as estratégias de poder e dominação verificadas no interior dos Estados;
2. o vínculo de relativa autonomia com a reprodução capitalista. Por isso, o racismo nazista é distinto do racismo colonial na tessitura dos discursos de justificação que geram e nas estratégias de poder de que se utilizam, mas, no bojo destas distinções, essas formas de racismo se aproximam, na medida em que promovem a integração ideológica de uma sociabilidade inerentemente fraturada. Por isso, as diferentes formas de nacionalismo e de racismo só ganham sentido histórico inseridas no contexto da dinâmica do capitalismo global, das distintas estratégias de acumulação e da organização institucional específica de cada formação social.

A evidência de que por meio da conjugação nacionalismo/racismo o capitalismo dá origem a distintas formas de unidade contraditória é a maneira como se constituíram países como Estados Unidos, África do Sul e Brasil. Se nos países europeus o racismo – e a superexploração da força de trabalho – encontra uma relação mais direta com a condição de imigrante, nos mencionados países o processo de colonização imprimiu um sentido diferente ao racismo. No Brasil, nos Estados Unidos e na África do Sul, em decorrência das particularidades do desenvolvimento capitalista e das especificidades da colonização em cada um destes países, o racismo não toma como critério principal o fato de ser nacional ou imigrante, mas, sim, o pertencimento a um grupo étnico ou minoria – ainda que demograficamente a maioria –, mesmo sendo os membros destes grupos institucionalmente reconhecidos como nacionais.

A ordem produzida pelo racismo não afeta apenas a sociedade em suas relações exteriores – como no caso da colonização –, mas atinge, sobretudo, a sua configuração interna, estipulando padrões hierárquicos, naturalizando formas históricas de dominação e justificando a intervenção estatal sobre grupos sociais discriminados, como se pode observar no cotidiano das populações negras e indígenas dos países acima mencionados.

Enquanto na África do Sul e nos Estados Unidos, que, com as devidas distinções, estruturavam juridicamente a segregação da população negra, mesmo no avançar do século XX – no caso da África do Sul, até 1994 –, no Brasil, a ideologia do racismo científico[192] foi substituída a partir dos anos 1930 pela ideologia da democracia racial, que consiste em afirmar a miscigenação como uma das características básicas da identidade nacional, como algo moralmente aceito em todos os níveis da sociedade, inclusive pela classe dominante. Assim, ao contrário de países como os Estados Unidos, nunca se instalara no Brasil uma dinâmica de conflitos baseados na raça.

O que se pode notar é que a ideologia da democracia racial se instalou de maneira muito forte no imaginário social brasileiro, de tal modo a ser incorporada como um dos aspectos centrais da interpretação do Brasil, das mais diversas formas e pelas mais distintas correntes políticas, tanto à "direita" como à "esquerda". Para entender a força desta ideia inserida no debate nacional com a obra de Gilberto Freyre, é fundamental que se entenda que a democracia racial não se refere apenas a questões de ordem moral. Trata-se de um esquema muito mais complexo, que envolve a reorganização de estratégias de dominação política, econômica e racial adaptadas a circunstâncias históricas específicas.

No caso, o surgimento do discurso da democracia racial, que ainda hoje é tido como um elemento da identidade brasileira, coincide com o início do projeto de adaptação da sociedade e do Estado brasileiro ao capitalismo industrial ocorrido nos anos 1930.

Antônio Sérgio Alfredo Guimarães nos mostra como a democracia racial relaciona-se com aspectos estruturais da formação nacional brasileira:

> No caso da população negra, a democracia racial condensou um compromisso, como sa-

lientei acima, que tinha duas vertentes, uma material e outra simbólica. Materialmente, a ampliação do mercado de trabalho urbano absorveu grandes contingentes de trabalhadores pretos e pardos, incorporando-os definitivamente às classes operárias e populares urbanas. Incorporação que foi institucionalizada por leis como a de Amparo ao Trabalhador Brasileiro Nato, assinada por Vargas em 1931, que garantia que dois terços dos empregados em estabelecimentos industriais fossem brasileiros natos; ou a lei Afonso Arinos, de 1951, que transformava o preconceito racial em contravenção penal. Simbolicamente, o ideal modernista de uma nação mestiça foi absorvido pelo Estado e as manifestações artísticas, folclóricas e simbólicas dos negros brasileiros foram reconhecidas como cultura afro-brasileira. O "afro", entretanto, designava apenas a origem de uma cultura que, antes de tudo, era definida como regional, mestiça e, como o próprio negro, crioula. A ideologia política da democracia racial, como pacto social, foi predominantemente o trabalhismo, tendência que data da Primeira República (ver, por exemplo, a ideologia de um Manoel Querino) e que foi continuada por novas lideranças, como Abdias do Nascimento.[193]

O Estado brasileiro não é diferente de outros Estados capitalistas neste aspecto, pois o racismo é elemento constituinte da política e da economia sem o qual não é possível compreender as suas estruturas.

Nessa vereda, a ideologia da democracia racial produz um discurso racista e legitimador da violência e da desigualdade racial diante das especificidades do capitalismo brasileiro.

Portanto, não é o racismo estranho à formação social de qualquer Estado capitalista, mas um fator estrutural, que organiza as relações políticas e econômicas. Seja como racismo interiorizado – dirigido contra as populações internas – ou exteriorizado – dirigido contra estrangeiros –, é possível dizer que países como *Brasil, África do Sul e Estados Unidos não são o que são apesar do racismo, mas são o que são graças ao racismo.*

A inserção dos indivíduos em cada uma destas condições formatadas pela sociabilidade capitalista depende de um complexo jogo que mescla uso da força e a reprodução da ideologia a fim de realizar a domesticação dos corpos entregues indistintamente ao trabalho abstrato. O racismo é um elemento deste jogo: será por isso que parte da sociedade não verá qualquer anormalidade na maioria das pessoas negras ganharem salários menores, submeterem-se aos trabalhos mais degradantes, não estarem nas universidades importantes, não ocuparem cargos de direção, residirem nas áreas periféricas nas cidades e serem com frequência assassinadas pelas forças do Estado.

A institucionalização das diferenças raciais e de gênero garante que o trabalho seja realmente submetido ao capital, uma vez que o racismo retirará do trabalhador qualquer relevância enquanto indivíduo. No mundo – racista –, o negro não tem condição de reivindicar um tratamento igualitário ou de exigir que suas diferenças sejam respeitadas; o tratamento dispensado ao trabalhador e até mesmo as suas diferenças são dele ou do que venha a achar de si mesmo. A forma com que o trabalhador será tratado, o que é justo ou não, e até onde pode ir nas suas reivindicações, vai depender única e exclusivamente das determinações da produção capitalista e da replicação da forma-valor. Assim é que o racismo se conecta à subsunção real do trabalho ao capital, uma vez que a identidade será definida segundo os padrões de funcionamento da produção capitalista.

Por esse motivo é que o racismo enquanto dominação convive pacificamente com a subjetividade jurídica, as normas estatais, a impessoalidade da técnica jurídica e a afirmação universal dos direitos do homem, elementos diretamente ligados ao processo de abstração do trabalho.[194]

### Sobre a herança da escravidão

As explicações estruturais para a persistência do racismo na economia têm, historicamente, propiciado um grande debate sobre a herança da escravidão. Esta questão é relevante, pois é preciso discutir a escravidão e o racismo sob o prisma da economia política.[195]

Sobre a relação entre escravidão e racismo, há basicamente duas explicações. A primeira parte da afirmação de que o racismo decorre das marcas deixadas pela escravidão e pelo colonialismo. Conforme este raciocínio, as sociedades contemporâneas, mesmo após o fim oficial dos regimes escravistas, permaneceriam presas a padrões mentais e institucionais escravocratas, ou seja, racistas, autoritários e violentos. Dessa forma, o racismo seria uma espécie de resquício da escravidão, uma contaminação essencial que, especialmente nos países periféricos, impediria a modernização das economias e o aparecimento de regimes democráticos. No caso dos países centrais, as marcas da escravidão poderiam ser vistas na discriminação econômica e política a que são submetidas as minorias raciais, como é o caso da população negra e latina nos Estados Unidos e dos imigrantes não brancos na Europa.

Outra corrente, apesar de não negar os impactos terríveis da escravidão na formação econômica e social brasileira, dirá que as formas contemporâneas do racismo são produtos do capitalismo avançado e da racionalidade moderna, e não resquícios de um passado não superado. O racismo não é um resto da escravidão, até mesmo porque não há oposição entre modernidade/capitalismo e escravidão. A escravidão e o racismo são elementos constitutivos tanto da modernidade, quanto do capitalismo, de tal modo que não há como desassociar um do outro.

O racismo, de acordo com esta posição, é uma manifestação das estruturas do capitalismo, que foram forjadas pela escravidão. Isso significa dizer que a desigualdade racial é um elemento constitutivo das relações mercantis e de classe, de tal sorte que a modernização da economia e até seu desenvolvimento podem representar momentos de adaptação dos parâmetros raciais a novas etapas da acumulação capitalista. Em suma: para se renovar, o capitalismo precisa muitas vezes renovar o racismo, como, por exemplo, substituir o racismo oficial e a segregação legalizada pela indiferença diante da igualdade racial sob o manto da democracia.

O crescimento econômico pode ser considerado o aumento da produção e do lucro, o que não necessariamente implica aumento de salário. Nesse contexto, o racismo pode ser uma excelente tecnologia de controle social, porque "naturaliza" o pagamento de salários mais baixos para trabalhadores e trabalhadoras pertencentes a grupos minoritários. Outro efeito importante do racismo para o "crescimento" é servir de instrumento de dissuasão dos trabalhadores brancos, que pensarão duas vezes antes de reivindicar aumento salarial em uma situação em que poderiam ser substituídos a qualquer tempo por negros ou imigrantes, geralmente mais baratos e, por serem mais suscetíveis ao desemprego, mais facilmente disponíveis no mercado como "exército reserva de mão de obra".

## Classe ou raça?

Outra questão que tem suscitado debates em torno da relação entre racismo e economia está no dilema entre raça e classe. O problema da desigualdade deve ser visto a partir da centralidade da classe ou da raça? O racismo tem uma lógica diferente da lógica de classe? Na luta contra a desigualdade, a prioridade deve ser dada à classe ou à raça? Essas questões têm dividido o movimento negro e as organizações políticas, mas, no meu entender, em torno de um falso dilema. A divisão de classes, a divisão de grupos no interior das classes, o processo de individualização e os antagonismos sociais que caracterizam as contradições que formam a sociabilidade capitalista têm o racismo como veículo importantíssimo. E negar isso é simplesmente não compreender o capitalismo enquanto forma de sociabilidade.

Logo, o racismo não deve ser tratado como uma questão lateral, que pode ser dissolvida na concepção de classes, até porque uma noção de classe que desconsidera o modo com que esta se expressa enquanto relação social objetiva torna o conceito uma abstração vazia de conteúdo histórico. São indivíduos concretos que compõem as classes à medida que se constituem concomitantemente como classe e como minoria nas condições estruturais do capitalismo. Assim, classe e raça são elementos socialmente sobredeterminados.[196]

Para entender as classes em seu sentido material, portanto, é preciso, antes de tudo, olhar para a situação real das minorias. A situação das mulheres negras exemplifica isso: recebem os mais baixos salários, são empurradas para os "trabalhos improdutivos" – aqueles que não produzem mais-valia, mas que são essenciais. Por exemplo, as babás e empregadas domésticas, em geral negras que, vestidas de branco, criam os herdeiros do capital. –, são diariamente vítimas de assédio moral, da violência doméstica e do abandono, recebem o pior tratamento nos sistemas "universais" de saúde e suportam, proporcionalmente, a mais pesada tributação. A descrição e o enquadramento estrutural desta situação revelam o movimento real da divisão de classes e dos mecanismos institucionais do capitalismo.

Para Clóvis Moura, a luta dos negros desde a escravidão constitui-se como uma manifestação da luta de classes, de tal sorte que a lógica do racismo é inseparável da lógica da constituição da sociedade de classes no Brasil, porque

> [...] após o 13 de maio e o sistema de marginalização social que se seguiu, colocaram-no como igual perante a lei, como se, no seu cotidiano da sociedade competitiva (capitalismo dependente) que se criou, esse princípio ou norma não passasse de um mito protetor para esconder as desigualdades sociais, econômicas e étnicas. O Negro foi obrigado a disputar a sua sobrevivência social, cultural e mesmo

> biológica em uma sociedade secularmente
> racista, na qual as técnicas de seleção profis-
> sional, cultura, política e étnica são feitas para
> que ele permaneça imobilizado nas camadas
> mais oprimidas, exploradas e subalternizadas.
> Podemos dizer que os problemas de raça e
> classe se imbricam nesse processo de competi-
> ção do Negro, pois o interesse das classes do-
> minantes é vê-lo marginalizado para baixar os
> salários dos trabalhadores no seu conjunto.[197]

Não existe "consciência de classe" sem consciência do problema racial. Historicamente, o racismo
foi e ainda é um fator de divisão não apenas entre
as classes, mas também no interior das classes. Nos
momentos de crise, em que há aumento do desemprego e rebaixamento dos salários, o racismo desempenha um papel diversionista bastante importante,
pois os trabalhadores atingidos pelo desemprego
irão direcionar sua fúria contra as minorias raciais e
sexuais, que serão responsabilizadas pela decadência
econômica por aceitarem receber salários mais baixos,
quando não pela "degradação moral" a que muitos
identificarão como motivo da crise. O racismo será,
portanto, a forma dos trabalhadores brancos racio-
nalizarem a crise que lhes trouxe perdas materiais e
de lidarem com as perdas simbólicas – que Michelle
Alexander, com base em W.E.B. Dubois, denomina
de perda do "salário psicológico"[198] – impostas pelas
vitórias da luta antirracista e pela mínima representatividade alcançada pelas minorias raciais.

A negação da classe como categoria analítica não interessa à população negra, como nos alerta Angela Davis. Esta recusa apenas serve para aprisionar a crítica ao racismo e ao sexismo a preceitos moralistas, incapazes de questionar o sistema de opressão em sua totalidade.[199]

Sobre o dilema "luta de classes/luta de raças", Florestan Fernandes afirma que "uma não esgota a outra e, tampouco, uma não se esgota na outra". Para o sociólogo, "ao se classificar socialmente, o negro adquire uma situação de classe proletária", embora continue "a ser negro e a sofrer discriminações e violências". A prova disso para Fernandes é a reação das classes dominantes brasileiras à resistência negra nas décadas de 1930, 1940 e 1950.[200]

Para Florestan Fernandes

> Todos os trabalhadores possuem as mesmas exigências diante do capital. Todavia, há um acréscimo: existem trabalhadores que possuem exigências diferenciais, e é imperativo que encontrem espaço dentro das reivindicações de classe e das lutas de classes. Indo além, em uma sociedade multirracial, na qual a morfologia da sociedade de classes ainda não fundiu todas as diferenças existentes entre os trabalhadores, a raça também é um fator revolucionário específico. Por isso, existem duas polaridades que não se contrapõem, mas se interpenetram como elementos explosivos – a classe e a raça.

O livro *Policing the Crisis*,[201] de Stuart Hall, tem um papel de destaque, uma vez que demonstra como o marcador racial foi utilizado como meio de controle social no contexto da crise do Estado de Bem-Estar Social. Stuart Hall nos mostra como as reações da classe trabalhadora ao desmonte do Welfare State foram controladas com a criação de um "pânico moral", que nada mais é do que a política do medo. Para isso deve-se construir o criminoso, que ganhará um rosto e uma identidade fornecidos pelos meios de comunicação de massa. O que Stuart Hall nos ensina é que a reivindicação da identidade, que antes serviu como bandeira para os movimentos antirracistas e anticapitalistas, foi capturada pelos racistas e até mesmo pela extrema-direita.[202]

O fato é que muitas pessoas passaram a exigir o direito de ser branco, o direito de não gostar de negros, o direito de ter seu país de volta. Querem seus empregos "roubados" pelos imigrantes, querem se sentir seguros em seu país. Querem, enfim, a "identidade" que lhes foi roubada quando as minorias passaram a ter direitos. Este quadro de pânico moral irá servir como justificativa para medidas de exceção – fora da legalidade – contra os inimigos racialmente construídos, o que se tornará ainda mais grave após a derrubada das torres gêmeas em 11 de setembro de 2001. O Estado dará conta do pânico com as políticas de *lei e ordem* e *tolerância zero*, que irão aumentar o encarceramento e as mortes efetuadas pelo Estado.

Esse é o retrato da crise atual. No fim das contas, a identidade desconectada das questões estruturais, a raça sem classe, as pautas por liberdade desconectadas dos reclamos por transformações econômicas e políticas, tornam-se prezas fáceis do sistema. Facilmente a questão racial desliza para o moralismo. Por isso, diversidade não basta, é preciso igualdade. Não existe nem nunca existirá respeito às diferenças em um mundo em que pessoas morrem de fome ou são assassinadas pela cor da pele.

## Racismo e desenvolvimento

Há diferentes definições do que é desenvolvimento econômico, mas, fundamentalmente, os teóricos consentem sobre a ideia de que o desenvolvimento não se restringe a crescimento – aumento do Produto Interno Bruto, as somas das riquezas produzidas por um país em um ano – e que envolve a modernização da economia por meio de um processo de industrialização o qual permita a um país superar a condição de dependência e subdesenvolvimento.

As teorias do desenvolvimento descrevem a complexidade dos processos de industrialização, visto que requerem mudanças sociais profundas que só podem ser conduzidas por políticas nacionais que forneçam as condições objetivas e subjetivas para isso. As condições objetivas correspondem à criação por parte do Estado de meios jurídicos, financeiros e tecnológicos para a instalação de parques industriais, formação de mercado interno, instituição de políticas fiscais, monetárias, salariais e até de defesa nacional compatíveis com o soerguimento de uma nova economia. Já as condições subjetivas dizem respeito à constituição de mão de obra compatível com as exigências da indústria em formação e de padrões de consumo adaptados ao mercado emergente. A complexidade de um processo como esse exige a mobilização de amplos setores da sociedade – governos, universidades, empresas, trabalhadores, associações etc. –, em um projeto nacional, que só pode ser organizado pelo Estado, único ente com poder de planejar e executar as medidas necessárias à implantação das condições para o desenvolvimento. Um projeto nacional de desenvolvimento não se resume, portanto, ao campo da economia em sentido estrito. Projetos nacionais de desenvolvimento são, sobretudo, projetos políticos, que se voltam à constituição de um novo imaginário social, de uma identidade cultural mobilizada em torno das exigências sociopolíticas da industrialização, formação de mercado interno e defesa nacional.

Há quem seja ainda mais rigoroso com a noção de desenvolvimento e inclua a ideia de *bem-estar social*. Segundo essa perspectiva, o desenvolvimento não se restringiria a um projeto nacional de industrialização, formação de mercado interno e fim da dependência externa, mas também englobaria a ideia de bem-estar social, de democracia, de distribuição de renda e de busca da igualdade. O desenvolvimento teria como objetivo central construir a homogeneização social. Nas palavras de seu maior teórico, Celso Furtado,

> As teorias do desenvolvimento são esquemas explicativos dos processos sociais em que a assimilação de novas técnicas e o consequente aumento de produtividade conduzem à melhoria do bem-estar de uma população com crescente homogeneização social.
> [...] o aumento persistente da produtividade não conduz à redução da heterogeneidade social, ou pelo menos não o faz espontaneamente dentro dos mecanismos de mercado.[203]

Por isso, pode-se dizer que o Brasil não experimentou desenvolvimento ao longo de sua história, mas somente o crescimento econômico. A industrialização não resultou em distribuição de renda e bem-estar para a população. Sem distribuição de renda, a industrialização e o aumento da produção tornaram-se expressões da *modernização conservadora*, que, em nome da manutenção da desigualdade e da concentração de renda, exigiram a supressão da democracia, da cidadania e a ocultação dos conflitos sociais, inclusive os de natureza racial. E, como já dissemos antes, a ideologia da democracia racial teve papel fundamental no processo de modernização conservadora.

Assim, o racismo não é um mero reflexo de estruturas arcaicas que poderiam ser superadas com a modernização, pois *a modernização é racista*. Como ressalta Dennis de Oliveira, com base no pensamento de Clóvis Moura,

> [...] as particularidades históricas brasileiras permitiram constituir um processo de modernização capitalista mantendo estruturas arcaicas, que não são anomalias, mas sim integrantes dessa lógica de desenvolvimento histórico específica.[204]

O conceito de desenvolvimento refere-se, portanto, ao que ocorre nos limites da sociedade capitalista. Esse é, aliás, o cerne da crítica dos autores da chamada *teoria da dependência*, para quem o desenvolvimento de alguns países está inexoravelmente vinculado ao subdesenvolvimento de outros. Não existe, portanto, desenvolvimento sem subdesenvolvimento. Adotar um projeto de desenvolvimento nacional envolve a decisão de participar de um conflito interno e externo e uma posição de dominação ou de subordinação no jogo do capitalismo internacional.

É este o ponto central da crítica feita por Walter Rodney em *Como a Europa subdesenvolveu a África*.[205] Neste livro importantíssimo, o intelectual caribenho coloca em xeque a ideia tão comumente divulgada de que os países africanos eram "subdesenvolvidos" antes mesmo da chegada dos europeus. Afirma Rodney que os países africanos eram "desenvolvidos", uma vez que possuíam as condições técnicas e políticas para sustentar seu modo de vida. A tese de Rodney, apoiada na mais autorizada bibliografia sobre o tema, é a de que foi o colonialismo quem retirou da África os meios necessários para a sua reprodução material. A Europa, portanto, industrializou-se, criou seu mercado interno, construiu suas instituições políticas e jurídicas, sua "democracia", sobre os cadáveres de milhões de africanos e africanas, que foram expropriados, torturados, escravizados e assassinados. Foi a Europa, portanto, que "subdesenvolveu" a África, o que também pode ser aplicado à América Latina e à Ásia.

Para Rodney, o colonialismo é inevitável para que o desenvolvimento capitalista aconteça. Não há desenvolvimento capitalista sem um processo de subdesenvolvimento criado, fabricado, orquestrado pelos "desenvolvidos", processo em que o racismo tem grande relevo. O único "desenvolvimento positivo" do colonialismo, diz o autor, foi o seu fim.[206]

A tese de Rodney nos coloca diante de duas questões:

> 1. até que ponto o silêncio das teorias desenvolvimentistas sobre o racismo é uma exigência ideológica, já que os modelos de desenvolvimento, por seu compromisso com o capitalismo, tem o racismo como um elemento estrutural, mas que não pode se revelar sem expor contradições in-

suportáveis, principalmente para aqueles que falam da periferia do capital, formada em sua maioria por negros e indígenas;

2. se é possível um modelo de desenvolvimento nos países periféricos, ainda que capitalista, que não envolva o racismo – o qual se vincula à pobreza.

Se é possível um modelo desenvolvimentista sem o racismo, a história ainda não nos mostrou. Mas se os próprios desenvolvimentistas acreditam que a história é o encontro da contingência com o planejamento, a perspectiva teórica por eles adotada poderia dar vazão a uma reflexão desenvolvimentista que englobasse um projeto nacional antirracista. Em países como o Brasil, não se poderia pensar em desenvolvimento sem um projeto nacional que atacasse o racismo como fundamento da desigualdade e da desintegração do país. E isto não é uma questão somente de natureza ética, mas, fundamentalmente, de natureza econômica: industrialização sem distribuição de renda e sem um ataque vigoroso às desigualdades estruturais – dentre às quais as raciais e de gênero –, inviabilizaria a ampliação do mercado interno sem a manutenção da dependência de financiamento e tecnologia externos. Assim pensava Guerreiro Ramos, que chamava a atenção para o fato de que, sem um compromisso político com o desmantelamento do racismo – inclusive com a promoção de uma inteligência negra compromissada com a transformação social e que não fizesse do negro mero objeto de estudo –, a construção de uma nação seria impossível.[207]

No Brasil, particularmente, é curioso notar como até mesmo os desenvolvimentistas "progressistas" silenciam sobre a questão racial e, mais do que isso, como incorporam o discurso da democracia racial e da "mestiçagem" de forma acrítica. Para alguns deles, portanto, falar de raça e racismo levaria à desintegração social e à criação de conflitos inexistentes.

Em *A lenda da modernidade encantada*, livro em que o pensamento social brasileiro e os debates sobre a questão racial são passados em revista, Marcelo Paixão conclui que uma agenda desenvolvimentista, transformadora e democrática deve necessariamente incluir o tema das relações raciais, pois

> O pensamento social brasileiro, através de sua razão culturalista, em algum momento de nossa história, se pôs, de forma resoluta, à disposição da agenda de desenvolvimento de nosso país. Não obstante, consideramos que neste momento as novas batalhas encaminham-se no sentido de nos livrar de um atávico autoritarismo que ainda insiste em reger as relações sociais e raciais em nosso meio. Assim, uma vez tendo sido realizada, ao longo de todo o século passado, a grande obra de transformação do Brasil em uma nação industrializada e moderna, agora, a nova agenda, exige a construção de uma nação fraterna, igualitária e democrática. Nesse sentido, é inevitável incluir nessa pauta o desejo de

> que as cores e as formas das diversas pessoas
> povoem todos os espaços sociais presentes da
> vida nacional, livres da mazela representada
> pelo racismo, seja em qual variante for. Se
> um dia estivera condenado à civilização; hoje
> condenado à justiça social, o povo brasileiro
> terá de se erguer sobre os seus próprios pés.[208]

Achar que no Brasil não há conflitos raciais diante da realidade violenta e desigual que nos é apresentada cotidianamente beira o delírio, a perversidade ou a mais absoluta má-fé.

A população negra constitui mais da metade da população brasileira. Diante de tal demografia, é difícil conceber a possibilidade de um projeto nacional de desenvolvimento que não enfrente o racismo no campo simbólico e prático. O silêncio dos desenvolvimentistas brasileiros diante da questão racial chega a ser constrangedor, pois tudo se passa como se a questão nacional/racial não fosse medular no pensamento social brasileiro. Talvez essa presença ausente da questão racial seja a prova mais contundente de que o racismo pode obstruir a capacidade de compreensão de aspectos decisivos da realidade, mesmo daqueles que querem sinceramente transformá-la.

### Crise e racismo

Há dois fatores sistematicamente negligenciados pelos analistas da atual crise econômica. O primeiro é o caráter estrutural e sistêmico da crise. Em geral, são destacados como motivos determinantes da crise os erros e os excessos cometidos pelos agentes de mercado ou pelos governantes da vez. O caminho intelectual dessa explicação é o individualismo, o que reduz a crise a um problema moral e/ou jurídico. Desse modo, a avaliação da crise e suas graves consequências sociais – fome, desemprego, violência, encarceramento, mortes – convertem-se em libelos pela reforma dos sistemas jurídicos, pela imposição de mecanismos contra a corrupção ou, ainda, por campanhas pela conscientização acerca dos males provocados em decorrência da "ganância" ou da sede de lucro. Enfim, tanto causas quanto efeitos recaem apenas sobre os sujeitos e nunca são questionadas as estruturas sociais que permitem a repetição dos comportamentos e das relações que desencadeiam as crises.

O segundo fator esquecido pelos estudiosos da crise – intimamente ligado ao primeiro – é a especificidade que a crise assume no tocante aos grupos sociais que a sociologia denomina de minorias.

Assim, chega-se a duas conclusões:

1. a identificação de um grupo social minoritário deve levar em conta as peculiaridades de cada formação social, uma vez que a dinâmica do processo discriminatório vincula-se à lógica da economia e da política;
2. a discriminação só se torna sistêmica se forem reproduzidas as condições sociopo-

líticas que naturalizem a desigualdade de tratamento oferecido a indivíduos pertencentes a grupos minoritários. Por isso, já dissemos que, em face da estrutura política e econômica da sociedade contemporânea, formas de discriminação como o racismo só se estabelecem se houver a participação do Estado.

## O que é a crise, afinal?

A crise é um elemento estrutural, inscrito na lógica da sociabilidade capitalista.[209] Deste modo, sendo a crise parte do capitalismo, defini-la é, de certo modo, determinar o funcionamento não só da economia, mas também das instituições políticas que devem manter a estabilidade.[210] O processo de produção capitalista depende de uma expansão permanente da produção e de uma acumulação incessante de capital. Entretanto, a acumulação incessante de capital e a necessidade de aumento da produção encontram limites históricos que se chocam com as características conflituosas da sociedade. A crise se dá justamente quando o processo econômico capitalista não encontra compatibilidade com as instituições e as normas que deveriam manter a instabilidade.

As crises revelam-se, portanto, como a incapacidade do sistema capitalista em determinados momentos da história de promover a integração social por meio das regras sociais vigentes. Em outras palavras, o modo de regulação, constituído por normas jurídicas, valores, mecanismos de conciliação e integração institucionais entra em conflito com o regime de acumulação. A consequência disso é que a ligação entre Estado e sociedade civil, mantida, como foi visto, mediante a utilização de mecanismos repressivos e de inculcação ideológica, começa a ruir. O sistema de regulação entra em colapso, o que resulta em conflitos entre instituições estatais, independência de órgãos governamentais que passam a se voltar uns contra os outros e funcionar para além de qualquer previsibilidade, direção governamental e estabilidade política.[211] Passa a não ser mais possível convencer as pessoas de que viver sob certas regras é normal, e a violência estatal torna-se um meio de controle social recorrente.

Como assinala David Harvey, o capitalismo possui dificuldades que devem ser negociadas com sucesso para que o sistema permaneça viável. A primeira é a "anarquia" do mercado na fixação de preços.[212] Já a segunda, é a

> […] necessidade de exercer suficiente controle sobre o emprego da força de trabalho para garantir a adição de valor na produção e, portanto, lucros positivos para o maior número possível de capitalistas.[213]

É nesse momento que os mecanismos de regulação são fundamentais.

# O racismo e as crises

## O "grande pânico" de 1873, o imperialismo e o neocolonialismo

A história do racismo moderno se entrelaça com a história das crises estruturais do capitalismo. A necessidade de alteração dos parâmetros de intervenção estatal a fim de retomar a estabilidade econômica e política – e aqui entenda-se estabilidade como o funcionamento regular do processo de valorização capitalista – sempre resultou em formas renovadas de violência e estratégias de subjugação da população negra.

A primeira grande crise, de 1873 – conhecida como Pânico de 1873 –, resultou na alteração brutal das relações capitalistas. Além de modificar toda a produção industrial do mundo, redefinir o equilíbrio político e militar e alterar todo o sistema financeiro e monetário internacional, esta crise foi o ponto de partida para o imperialismo e, mais tarde, para a Primeira Guerra Mundial.[214]

O imperialismo marcou o início da dominação colonial e da transferência das disputas capitalistas do plano interno para o plano internacional. Isso porque a crise de superacumulação de capital obrigou o capitalismo a expandir-se além das fronteiras nacionais. Essa é a explicação econômica do imperialismo, mas que também teve como base um argumento ideológico preponderante: o racismo. A ideologia imperialista baseou-se no racismo e na ideia eurocêntrica do progresso. Os povos da África, por exemplo, precisavam ser "salvos" pelo conquistador europeu de seu atraso natural. Essa ideologia racista, somada ao discurso pseudocientífico do darwinismo social – que afirmava a superioridade natural do homem branco –, foram o elemento legitimador da pilhagem, dos assassinatos e da destruição promovidos pelos europeus no continente africano.[215]

> A fúria da conquista colonial, que teve em considerações racistas de "superioridade civilizacional" seu principal alicerce ideológico (até setores da Internacional Socialista, confinada basicamente à Europa, admitiam a expansão colonial em nome da "obra civilizadora" e seus países, e se definiam, como o alemão Eduard David, "social-imperialistas"), produziu vítimas em número maior que os holocaustos europeus do século XX, e fez também nascerem movimentos de resistência, que, finalmente, incorporaram os povos coloniais à luta política mundial contemporânea.[216]

Achille Mbembe, em *Crítica da razão negra*, apresenta os laços inextricáveis entre "morte" e "negócio" na esteira da relação entre imperialismo, colonialismo e racismo:

> Esta brutal investida fora da Europa ficará conhecida pelo termo "colonização" ou "imperialismo". Sendo uma das maneiras de a pretensão europeia ao domínio universal se

manifestar, a colonização é uma forma de poder constituinte, na qual a relação com a terra, as populações e o território associa, de modo inédito na história da Humanidade, as três lógicas da raça, da burocracia e do negócio (*commercium*). Na ordem colonial, a raça opera enquanto princípio do corpo político. A raça permite classificar os seres humanos em categorias físicas e mentais específicas. A burocracia emerge como um dispositivo de dominação; já a rede que liga a morte e o negócio opera como matriz fulcral do poder. A força passa a ser lei, e a lei tem por conteúdo a própria força.[217]

A bolsa de valores, o empreendimento colonial e o desenvolvimento do capital financeiro são, ao fim e ao cabo, os fundamentos econômicos que permitiram a constituição do racismo e do nacionalismo como a manifestação da ideologia do capitalismo após a grande crise do século XIX.

### A crise de 1929, o Welfare State e a nova forma do racismo

Após a grande depressão de 1929 e a Segunda Guerra Mundial, o arranjo social estabilizador resultou no regime fordista de acumulação e no Welfare State. A produção industrial em larga escala e o consumo de massa foram articulados com a ampliação de direitos sociais e políticas de integração de grupos sociais ao mercado consumidor. Entretanto, mesmo o Estado Social keynesiano, ou Welfare State, foi incapaz de lidar com os problemas sociais que estruturam o capitalismo. A desigualdade é um dado permanente do capitalismo, que pode ser, a depender de circunstâncias históricas e arranjos políticos específicos, no máximo, maior ou menor.

Mesmo na "Era de ouro do capitalismo", o acesso aos direitos sociais pelos trabalhadores não foi simétrico e variava de acordo com a capacidade produtiva do país, o setor da economia e o grupo social a que pertencia o trabalhador. Setores de alto risco da economia e países de fraca demanda interna e com baixa capacidade de inovação tecnológica possuíam fracas redes de proteção social, com baixa permeabilidade às reivindicações da classe trabalhadora. Havia setores fordistas que se serviam de bases não fordistas de contratação, o que significa que alguns trabalhadores eram submetidos à superexploração ou mesmo ao trabalho compulsório, ainda que sob a égide de um Estado social e democrático.[218]

Outra importante distinção feita por Harvey para se compreenderem as limitações do Welfare State é entre os setores "monopolista" e "competitivo" da indústria. O setor monopolista caracteriza-se por alta demanda, em que os conflitos encontravam lugar para converterem-se em "direitos". Já o setor competitivo é de alto risco, baixos salários e subcontratação, e é nele que mulheres, negros e imigrantes estão alocados, longe da proteção de sindicatos fortes e da incidência de direitos sociais. É dessa forma que racismo e sexismo colocam determinadas pessoas em seu devido lugar, ou seja, nos setores menos protegidos e mais precarizados da economia.

A enorme contradição de uma sociedade que pregava a universalidade de direitos, mas na qual negros, mulheres e imigrantes eram tratados como caso de polícia, gerou movimentos de contestação social que colocaram em xeque a coerência ideológica e a estabilidade política do arranjo socioeconômico do pós-guerra. Ressalte-se que até mesmo o movimento sindical e as organizações de esquerda mostraram profundas limitações – assim como ocorre ainda hoje –, para a realização de uma crítica e até uma autocrítica que expusesse o racismo e o machismo que impregnavam suas próprias estruturas. A única forma de lidar com a denúncia dos movimentos sociais às contradições do Welfare State foi a criminalização e a perseguição aos "radicais", "criminosos" e "comunistas" que ameaçavam as bases de uma sociedade livre.[219]

### Neoliberalismo e racismo

A crise do Estado de Bem-Estar Social e do modelo fordista de produção dá ao racismo uma nova forma. O fim do consumo de massa como padrão produtivo predominante, o enfraquecimento dos sindicatos, a produção baseada em alta tecnologia e a supressão dos direitos sociais em nome da austeridade fiscal tornaram populações inteiras submetidas às mais precárias condições ou simplesmente abandonadas à própria sorte, anunciando o que muitos consideram o esgotamento do modelo expansivo do capital.

Chama-se por austeridade fiscal o corte das fontes de financiamento dos direitos sociais a fim de transferir parte do orçamento público para o setor financeiro privado por meio dos juros da dívida pública. Em nome de uma pretensa "responsabilidade fiscal", segue-se a onda de privatizações, precarização do trabalho e desregulamentação de setores da economia. Do ponto de vista ideológico, a produção de um discurso justificador da destruição de um sistema histórico de proteção social revela a associação entre parte dos proprietários dos meios de comunicação de massa e o capital financeiro: o discurso ideológico do empreendedorismo – que, na maioria das vezes, serve para legitimar o desmonte da rede de proteção social de trabalhadoras e trabalhadores –, da meritocracia, do fim do emprego e da liberdade econômica como liberdade política são diuturnamente martelados nos telejornais e até nos programas de entretenimento. Ao mesmo tempo, naturaliza-se a figura do inimigo, do bandido que ameaça a integração social, distraindo a sociedade que, amedrontada pelos programas policiais e pelo noticiário, aceita a intervenção repressiva do Estado em nome da segurança, mas que, na verdade, servirá para conter o inconformismo social diante do esgarçamento provocado pela gestão neoliberal do capitalismo. Mais do que isso, o regime de acumulação que alguns denominam de pós-fordista dependerá cada vez mais da supressão da democracia.[220] A captura do orçamento pelo capital financeiro envolve a formulação de um discurso que transforma decisões políticas, em especial as que envolvem finanças públicas e macroeconomia, em decisões "técnicas", de "especialistas", infensas à participação popular.

O esfacelamento da sociabilidade regida pelo trabalho abstrato e pela "valorização do valor" resulta em terríveis tragédias sociais, haja visto que o movimento da economia e da política não é mais de integração ao mercado – há que se lembrar que na lógica liberal o "mercado" é a sociedade civil. Como não serão integrados ao mercado, seja como consumidores ou como trabalhadores, jovens negros, pobres, moradores de periferia e minorias sexuais serão vitimados por fome, epidemias ou pela eliminação física promovida direta ou indiretamente pelo Estado – um exemplo disso é o corte nos direitos sociais. Enfim, no contexto da crise, o racismo é um elemento de racionalidade, de normalidade e que se apresenta como modo de integração possível de uma sociedade em que os conflitos tornam-se cada vez mais agudos.

A superação do racismo passa pela reflexão sobre formas de sociabilidade que não se alimentem de uma lógica de conflitos, contradições e antagonismos sociais que no máximo podem ser mantidos sob controle, mas nunca resolvidos. Todavia, a busca por uma nova economia e por formas alternativas de organização é tarefa impossível sem que o racismo e outras formas de discriminação sejam compreendidas como parte essencial dos processos de exploração e de opressão de uma sociedade que se quer transformar.

**Notas**

1. No original: "(...) in our name". HALL, Stuart. Cultural Identity and Diaspora. In: RUTHERFORD, Jonathan (ed). *Identity, Community, Culture difference*. London: Lawrence and Whishart limited, 1990, p. 222.

2. Cf.: BANTON, Michael. A ideia de raça. Lisboa: Edições 70, 1977; MENDES, Maria Manuela. Raça e racismo: controvérsias e ambiguidades. *Revista Vivência*, n. 39, p. 101-123, 2012.

3. Sobre como o termo "raça" assumiu diferentes significados ao longo da história, ver BETHENCOURT, Francisco. *Racismos*: das Cruzadas ao século XX. São Paulo: Companhia das Letras, 2017. p. 29.

4. Cf.: LAPLANTINE, François. *Aprender Antropologia*. São Paulo: Brasiliense, 2012. p. 55. Para maiores detalhes ver: FOUCAULT, Michel. As palavras e as coisas. São Paulo: Martins Fontes, 2016.

5. Um impressionante retrato do colonialismo pode ser encontrado em: FANON, Frantz. *Os condenados da terra*. Rio de Janeiro: Civilização Brasileira, 1968.

6. MBEMBE, Achille. *Crítica da razão negra*. São Paulo: N-1, 2018. p. 175.

7. Idem.

8. Sobre a Revolução Haitiana ver: JAMES, C. R. L. Os jacobinos negros. São Paulo: Boitempo, 2000. Sobre uma perspectiva da leitura filosófica da Revolução Haitina ver: BUCK-MORSS, Susan. Hegel e o Haiti. São Paulo: N-1, 2017. Para um enfoque jurídico-filosófico sobre a

Revolução Haitiana ver: DUARTE, E. C. P.; QUEIROZ, M. V. L. A Revolução Haitiana e o Atlântico Negro: o constitucionalismo em face do lado oculto da modernidade. *Direito, Estado e Sociedade*, v. 49, p. 10-42, 2016; QUEIROZ, M. V. L. *Constitucionalismo Brasileiro e o Atlântico Negro*: a experiência constituinte de 1823 diante da Revolução Haitiana. Rio de Janeiro: Lumen Juris, 2017; FISCHER, Sibylle. Constituciones haitianas: ideología y cultura posrevolucionarias. *Revista de la Casa de las Américas*, p. 16-35, out./dez. 2003.

9. LOSURDO, Domenico. *Contra-história do liberalismo*. São Paulo: Ideias & Letras, 2006.

10. "O ego cogito moderno foi antecedido em mais de um século pelo ego conquiro (eu conquisto) prático do luso-hispano que impôs sua vontade (a primeira "Vontade-de-poder" moderna) sobre o índio americano. A conquista do México foi o primeiro âmbito do ego moderno". Ver: DUSSEL, Enrique. Europa, modernidade e eurocentrismo. In: LANDER, Edgardo (Org.). *A colonialidade do saber*: eurocentrismo e ciências sociais, perspectivas latino-americanas. São Paulo: CLACSO, 2005. p. 28. Ver, ainda, sobre a importância das conquistas na teoria do conhecimento do século XVI: GROSFOGUEL, Ramón. Racismo/sexismo epistémico, Universidades occidentalizadas y los cuatro genocídios/epistemicidos del largo siglo XVI. *Tabula Rasa*, Bogotá, Universidad Colegio Mayor de Cundinamarca, n. 19, p. 41-50, jul./dez. 2013; PEREIRA, Luiz Ismael. Teoria Latino-americana do Estado: a insuficiência do modelo democrático e críticas. *Revista Eletrônica Direito e Política*, Itajaí, p. 563, 2013.

11. Cf.: LAPLANTINE, François. *Aprender Antropologia*. São Paulo: Brasiliense, 2012. p. 42-46.

12. Sobre o conceito de genocídio e os debates teóricos acerca do tema ver: PEREIRA, Flávio Leão Bastos. *Genocídio indígena no Brasil*: o desenvolvimentismo entre 1964 e 1985. Curitiba: Juruá, 2018.

13. HALE, Charles. As ideias políticas e sociais na América Latina, 1870-1930. In: BETHELL, Leslie (Org.). *História da América Latina*: de 1870 a 1930. São Paulo: EDUSP, 2009. p. 331-414. v. 4.

14. WOOD, Ellen Meiksins. *Democracia contra o capitalismo*: a renovação do materialismo histórico. Tradução: Paulo Cezar Castanheira. São Paulo: Boitempo, 2011, p. 230.

15. TODOROV, Tzevan. *Nós e os outros*: a reflexão francesa sobre a diversidade humana. Rio de Janeiro: Jorge Zahar. v. 1.

16. FANON, Frantz. *Em defesa da revolução africana*. Lisboa: Livraria Sá da Costa, 1980. p. 36. Sobre o importante legado de Fanon ler: FAUSTINO, Deivison Mendes. *Frantz Fanon*: um revolucionário, particularmente negro. São Paulo: Ciclo Contínuo, 2018.

17. FANON, Frantz. *Em defesa da revolução africana*. Lisboa: Livraria Sá da Costa, 1980. p. 36.

18. Cf.: Para uma abordagem do tema no campo da genética, ler o clássico CAVALLI-SFORZA, Luigi Luca. *Quem somos?*: História da diversidade humana. São Paulo: Unesp, 2002; Para uma abordagem antropológica e sociológica, ver LEVI-STRAUSS, Claude. *Raça e história*. Lisboa: Presença, 1995; GUIMARÃES, Antônio Sérgio Alfredo. *Racismo e Anti-racismo no Brasil*. São Paulo: Editora 34, 1999.

19. Sobre o conceito sociológico de minorias, ver: CHAVES, L. G Mendes. Minorias e seu estudo no Brasil. *Revista de Ciências Sociais*, v. II, n. 1, p. 149-168, 1971.

20. MOREIRA, Adilson José. *O que é discriminação?* Belo Horizonte: Letramento, 2017. p. 102. Também sobre as teorias da discriminação ver: RIOS, Roger Raupp. *Direito da antidiscriminação*: discriminação direta, indireta e ações afirmativas. Porto Alegre: Livraria do Advogado, 2008.

21. MOREIRA, Adilson José. *O que é discriminação?* Belo Horizonte: Letramento, 2017. p. 102.

22. Cf.: BONILLA-SILVA, Eduardo. *Racism Without Racists*: Colorblind Racism and the Persistence of Racial Inequality in the United States. Maryland, EUA: Rowman & Littlefield, 2006; ALEXANDER, Michelle. *A nova segregação*: encarceramento em massa na era da neutralidade racial. Tradução: Pedro Luiz Zini Davoglio. Revisão técnica, notas explicativas e tradução das notas da autora: Silvio Luiz de Almeida. São Paulo: Boitempo, 2017; BROWN, Michael K. et al. *Whitewashing Race:* The Myth of a Color-Blind Society. Berkeley; Los Angeles; Londres: Universidade da Califórnia, 1995.

23. MOREIRA, Adilson José. *O que é discriminação?* Belo Horizonte: Letramento, 2017. p. 102.

24. Cf.: GOMES, Joaquim B. Barbosa. *Ação afirmativa e princípio constitucional da igualdade.* Rio de Janeiro: Renovar, 2001. Ver também: CENTRO FEMINISTA DE ESTUDOS E ASSESSORIA. *Discriminação positiva, ação afirmativa*: em busca da igualdade. Brasília: CFEMEA, 1995.

25. ALEXANDER, Michelle. *A nova segregação*: encarceramento em massa na era da neutralidade racial. Tradução: Pedro Luiz Zini Davoglio. Revisão técnica, notas explicativas e tradução das notas da autora: Silvio Luiz de Almeida. São Paulo: Boitempo, 2017.

26. DAVIS, Angela. *Are Prisons Obsolete?* Nova York: Seven Stories Press, 2003.

27. HIRSCH, Joachim. Forma política, instituições políticas e Estado – I. *Crítica Marxista*, n. 24, 2007. p. 26. Disponível em: <https://www.ifch.unicamp.br/criticamarxista/arquivos_biblioteca/artigo212artigo1.pdf>. Acesso em: 15 jun. 2018.

28. IMMERGUTT, Ellen. O núcleo teórico do novo institucionalismo. In: SARAIVA, Enrique; FERRAREZI, Elisabete. *Coletânea de Políticas Públicas*. Brasília: ENAP, 2006. p. 161. v. 1.

29. HAMILTON, Charles V.; KWANE, Ture. *Black Power*. Politics of Liberation in America. Nova York: Random House, 1967, p.2 [Versão Kindle]

30. Idem.

31. Idem.

32. Ibidem, p. 3.

33. Ibidem, p. 2.

34. Ibidem, p. 5.

35. Idem. Aqui os autores fazem uma referência direta à obra de Gunnar Myrdal, An American Dillema, de modo a indicar que o problema racial não é ético e, sim, político.

36. Idem.

37. Idem.

38. "No outro nível, a disputa era entre os brancos da classe trabalhadora ressentidos e estranhos escuros, vestidos de maneira exótica, que os primeiros viam como mão-de-obra

'barata' permitida em seu país, para baixar salários e tirar o pagamento das mãos de honestos trabalhadores ingleses. O fato de muitos desses trabalhadores britânicos preferirem trabalhadores mais fáceis, limpos ou com salários mais altos não diminuiu sua xenofobia diante da nova comunidade que viam como uma ameaça a uma suposta homogeneidade da cultura britânica. O turbante, a pele escura e o sari das mulheres indianas e paquistanesas são apenas manifestações externas dessa ameaça. COHN, Bernand S. Colonialism and Its Forms of Knowledge: The British in India. Princeton Studies in Culture, Power History, 1928. Princeton University Press (8 Sept. 1996)

39. Idem.

40. BONILLA-SILVA, Eduardo. *Racism Without Racists*: Colorblind Racism and the Persistence of Racial Inegduality in the United States. Maryland: Rowman & Littlefield, 2006. p. 465-480.

41. Aqui parafraseei Marx quando este afirma que "[…] as diferentes proporções em que os diferentes tipos de trabalho são reduzidos ao trabalho simples como sua unidade de medida são determinadas por meio de um processo social que ocorre pelas costas dos produtores e lhes parecem, assim, ter sido legadas pela tradição". MARX, Karl. *O Capital*: crítica da economia política. São Paulo: Boitempo, 2013. v. 1.

42. "A teoria da estruturação de Giddens (1984) deve um pouco a essa ideia. Para Giddens, estrutura e ação implicam uma à outra. A estrutura é viabilizadora, não apenas restritora, e torna a ação criativa possível, porém, as ações repetidas de muitos indivíduos funcionam para reproduzir e mudar a estrutura social. O foco da teoria de Giddens são as práticas

sociais 'organizadas pelo tempo e espaço', e é através delas que são reproduzidas. No entanto, Giddens vê a 'estrutura' como regras e os recursos que possibilitam que as práticas sociais se reproduzam ao longo tempo, não como forças externas abstratas, dominantes. Essa 'dualidade da estrutura' é uma maneira de repensar a dicotomia anterior". Cf.: GIDDENS, Anthony; SUTTON, Philip W. *Conceitos essenciais da sociologia*. São Paulo: UNESP, 2016. p. 13. Sobre a teoria da estruturação ver: GIDDENS, Anthony. A constituição da sociedade. São Paulo: Martins Fontes, 2009.

43. Ver: MASCARO, Alysson Leandro. *Estado e forma política*. São Paulo: Boitempo, 2013. p. 20-24.

44. Ver: RODNEY, Walter. *Como a Europa subdesenvolveu a África*. Lisboa: Seara Nova, 1975.

45. As classificações podem moldar o comportamento humano em todos os níveis da sociedade. Neste caso, parecia óbvio que as classificações raciais tinham o poder imenso de escalonar os grupos sociais, bem como de impor limitações e oportunidades às populações dos países envolvidos. Consultei os principais estudos sobre racismo de Pierre van den Berghe, Carl Degler e George M. Fredrickson, obras que identificavam claramente percepções raciais comuns e divergentes nos Estados Unidos e no Brasil – como exemplo dessas divergências, nos Estados Unidos, uma gota de sangue africano define um indivíduo como negro, ao passo que, no Brasil, o status de classe média embranquece a tez humana. Cf.: BETHENCOURT, Francisco. *Racismos: das Cruzadas ao século XX*. São Paulo: Companhia das Letras, 2017. p. 22.

46. SCHOLZ, Roswitha. O valor é o homem. *Revistas Novos Estudos*, São Paulo, n. 45, p. 15-36, jul. 1996.

47. Nesse sentido, ver SCHUCMAN, Lia Vainer. *Famílias inter-raciais*: tensões entre cor e amor. Salvador: UFBA, 2018.

48. Sobre a raça como ideologia ver FIELDS, Barbara Jeanne. Ideology and race in american history. In: KOUSSER, J. Morgan; MCPHERSON, James M. *Region, Race, and Reconstruction*: Essays in Honor of C. Vann Woodward. Nova York: Oxford University Press, 1982, p. 143-177; FIELDS, Barbara Jeanne. *Slavery, Race and Ideology in the United States*. New Left Review, p. 95-118, 1990.

49. Cf.: DIJK, Teun A. van. *Racismo y discurso en America Latina*. Barcelona: Gedisa, 2007. p. 30.

50. Ture, Kwame (Stokely Carmichael). *Stokely fala*: do poder preto ao pan-africanismo. [S.l.]: Editora Diáspora Africana, 2017. p. 55.

51. BALIBAR, Étienne; WALLERSTEIN, Immanuel. *Race, Class and Nation*: Ambiguous Identity. Londres: Verso, 2010. p. 32.

52. Gould, S. J. (2019). *A falsa medida do homem* [Kindle Android version]. Retrieved from Amazon.com, posições 264/266.

53. PIRES, Eginardo. *Valor e acumulação*. Rio de Janeiro: Editora Zahar, 1979. p. 16.

54. MUNANGA, Kabengele. Teorias sobre o racismo. In: HASENBALG, Carlos; MUNANGA, Kabengele; SCHWARCZ, Lilia Moritz. *Racismo*: perspectivas para um estudo contextualizado da sociedade brasileira. Niterói: EdUFF, 1998. p. 48.

55. SCHWARCZ, Lilia Moritz. *O espetáculo das raças*. São Paulo: Companhia da Letras, 2014.

56. Ver NASCIMENTO, Abdias do. *O genocídio do negro brasileiro*: processo de um racismo mascarado. São Paulo: Perspectivas, 2016. p. 113-114.

57. FANON, Frantz. *Em defesa da revolução africana*. Lisboa: Livraria Sá da Costa, 1980. p. 36.

58. Ibidem, p. 39.

59. Ibidem, p. 40.

60. Ibidem, p. 41

61. FANON, Frantz. *Em defesa da revolução africana*. Lisboa: Livraria Sá da Costa, 1980. p. 41.

62. Sobre o conceito, ver: BENTO, Maria Aparecida; CARONE, Iray. *Psicologia social do racismo*: estudos sobre branquitude e branqueamento no Brasil. Petrópolis: Vozes, 2014; WARE, Vron (Org.) *Branquidade*: identidade branca e multiculturalismo. Rio de Janeiro: Garamond, 2004; SCHUCMAN, Lia Vainer. *Entre o encardido, o branco e o branquíssimo*: branquitude, hierarquia e poder na cidade de São Paulo. São Paulo: Annablume, 2015.

63. SCHUCMAN, Lia Vainer. *Entre o encardido, o branco e o branquíssimo*: branquitude, hierarquia e poder na cidade de São Paulo. São Paulo: Annablume, 2015. p. 56.

64. Idem.

65. MBEMBE, Achille. *Crítica da razão negra*. São Paulo: N-1, 2018. p. 88.

66. Maria Aparecida. Branqueamento e branquitude no Brasil. In: CARONE, I. *Psicologia social do racismo*: estudos sobre branquitude e branqueamento no Brasil, 2014. E-book (437 p.).

67. Ver: FANON, Frantz. *Pele negra, máscaras brancas*. Salvador: EDUFBA, 2008.

68. Sobre a definição de "consciência negra", ver: BIKO, Steve. *I Write What I Like*: A Selection of His Writings. Oxford: Heinemann, 1987.

69. MBEMBE, Achille. *Crítica da razão negra*. São Paulo: N-1, 2018. p. 13.

70. RAMOS, Alberto Guerreiro. *Introdução crítica à sociologia brasileira*. Rio de Janeiro: UFRJ, 1995. Sobre a obra de Guerreiro Ramos, ver: BARBOSA, Muryatan. *Guerreiro Ramos e o personalismo negro*. Jundiaí: Paco Editorial, 2015.

71. BALIBAR, Étienne; WALLERSTEIN, Immanuel. *Race, Class and Nation*: Ambiguous Identity. Londres: Verso, 2010. p. 32.

72. "Quando asseguramos ao negro que ele é igual ao branco, quando ele afinal não o é, secretamente tornamos a fazer-lhe injustiça. Nós o humilhamos amistosamente ao usar um padrão de medida pelo qual ele necessariamente fica inferiorizado sob a pressão dos sistemas – um padrão que, se satisfeito, representaria ganho duvidoso... O cadinho das raças foi um arranjo do capitalismo industrial desabrido. A ideia de estar incluído nele evoca o martírio mais do que a democracia." ADORNO, Theodor. *Minima moralia*: reflexões a partir da vida lesada. Rio de Janeiro: Azougue, 2008, p. 99.

73. "A reprodução do capitalismo se estrutura por meio de formas sociais necessárias e específicas, que constituem o núcleo de sua própria sociabilidade. As sociedades de acumulação do capital, com antagonismo entre capital e trabalho, giram em torno de formas sociais como valor,

mercadoria e subjetividade jurídica [...]. A forma-valor somente se estabelece quando ao mesmo tempo se apresenta, enreda-se, enlaça-se e reflete-se em várias outras formas sociais correlatas. [...] a forma política estatal é também um tipo específico de aparato social terceiro e necessário em face da própria relação de circulação e reprodução econômica capitalista." MASCARO, Alysson Leandro. *Estado e forma política*. São Paulo: Boitempo, 2013.

74. Cf.: GOLDBERG, David Theo. *The Racial State*. Oxford: Blackwell, 2002; OMI, Michael; WINANT, Howard. *Racial Formation in the United States*: From the 1960s to the 1990s. Nova York: Routledge, 1995.

75. GOLDBERG, David Theo. *The Racial State*. Oxford: Blackwell, 2002. p. 2

76. Para uma exposição sintética e precisa sobre as principais correntes teóricas acerca do Estado, ver: CALDAS, Camilo. *Teoria Geral do Estado*. São Paulo: Ideias & Letras, 2018.

77. MBEMBE, Achille. *Necropolítica*. São Paulo: N-1, 2018. p. 9.

78. Idem.

79. MILLS, Charles. *The Racial Contract*. Nova York: Cornell University, 1997.

80. Segundo o Atlas da Violência 2018, entre 2006 e 2016, a taxa de homicídio de negros cresceu 23,1%, enquanto no mesmo período a taxa de homicídio de não negros teve uma redução de 6,8%. INSTITUTO DE PESQUISA ECONÔMICA APLICADA – IPEA; FÓRUM

BRASILEIRO DE SEGURANÇA PÚBLICA. *Atlas da violência 2018*. Rio de Janeiro: IPEA; FBSP, 2018.

81. HIRSCH, Joachim. *Teoria materialista do Estado*. Rio de Janeiro: Revan, 2010. p. 37.

82. Ibidem, p. 31.

83. Ibidem, p. 39-40.

84. Ibidem, p. 34.

85. GRAMSCI, Antonio. *Cadernos do cárcere*. Rio de Janeiro: Civilização Brasileira, 2011. v. 3.

86. Ibidem, p. 40.

87. Idem.

88. "[...] colocar a forma de socialização capitalista como ponto de partida de uma análise do Estado não quer dizer que tais antagonismos não sejam essenciais, ou que apresentem "contradições secundárias" subordinadas. Ao contrário, a relação com a natureza, de gênero, a opressão sexual e a racista estão inseparavelmente unidas com a relação de capital, e não poderiam existir sem ela. No entanto, o decisivo é que o modo de socialização capitalista, enquanto relação de reprodução material, é determinante na medida em que impregna as estruturas e as instituições sociais – as formas sociais determinadas por ele – nas quais todos esses antagonismos sociais ganham expressão e ligam-se uns aos outros." HIRSCH, Joachim. *Teoria materialista do Estado*. Rio de Janeiro: Revan, 2010. p. 134.

89. ALMEIDA, Silvio Luiz de. Estado, direito e análise materialista do racismo. In: KASHIURA JUNIOR, Celso Naoto; AKAMINE JUNIOR, Oswaldo; DE MELO, Tarso (Orgs.). *Para a crítica do Direito*: reflexões sobre

teorias e práticas jurídicas. São Paulo: Outras Expressões; Dobra universitário, 2015. p. 747-767.

90. BUTLER, Judith. *A vida psíquica do poder*: teorias da sujeição. Belo Horizonte: Autêntica Editora, 2017. p. 107-108.

91. Sobre a relação entre espaço, política e economia, ver: HIRSCH, Joachim. *Teoria materialista do Estado*. Rio de Janeiro: Revan, 2010; ELIAS, Norbert. *O processo civilizador*: uma história dos costumes. Rio de Janeiro: Zahar, 2011. v. 1; SANTOS, Milton. *A natureza do espaço*: técnica e tempo, razão e emoção. São Paulo: Editora da Universidade de São Paulo, 2014.

92. Sobre a construção do nacionalismo, ver: HOBSBAWN, Eric. *Nações e nacionalismo desde 1780*: programa, mito e realidade. São Paulo: Paz e Terra, 2013.

93. HIRSCH, Joachim. *Teoria materialista do Estado*. Rio de Janeiro: Revan, 2010. p. 81-84.

94. Ibidem, p. 81-82.

95. GILROY, Paul. *O Atlântico negro*. São Paulo: Editora 34; Rio de Janeiro: UCAM, Centro de Estudos Afro-Asiáticos, 2012. p. 19.

96. Sobre isso ver o filme *Vênus negra*. Direção: Abdellatif Kechiche. Bélgica; França; Tunísia: Imovision, 2010, 1 DVD (159 min.).

97. MBEMBE, Achille. *Crítica da razão negra*. São Paulo: N-1, 2018. p. 114.

98. Ibidem, p. 112.

99. GILROY, Paul. *O Atlântico negro*. São Paulo: Editora 34; Rio de Janeiro: UCAM, Centro de Estudos Afro-Asiáticos, 2012. Ver também: ALENCASTRO, Luiz Felipe de. *O trato dos viventes*: formação do Brasil no Atlântico Sul. São Paulo: Companhia das Letras, 2000.

100. GONZALEZ, Lélia. *A categoria político-cultural da amefri-canidade*. Tempo Brasileiro. Rio de Janeiro, n. 92/93, p. 69-82, jan./jun. 1988.

101. "As novas identidades históricas produzidas sobre a idéia de raça foram associadas à natureza dos papéis e lugares na nova estrutura global de controle do trabalho. Assim, ambos os elementos, raça e divisão do trabalho, foram estruturalmente associados e reforçando-se mutuamente, apesar de que nenhum dos dois era necessariamente dependente do outro para existir ou para transformar-se. Desse modo, impôs-se uma sistemática divisão racial do trabalho. Na área hispânica, a Coroa de Castela logo decidiu pelo fim da escravidão dos índios, para impedir seu total extermínio. Assim, foram confinados na estrutura da servidão. Aos que viviam em suas comunidades, foi-lhes permitida a prática de sua antiga reciprocidade – isto é, o intercâmbio de força de trabalho e de trabalho sem mercado – como uma forma de reproduzir sua força de trabalho como servos. Em alguns casos, a nobreza indígena, uma reduzida minoria, foi eximida da servidão e recebeu um tratamento especial, devido a seus papéis como intermediária com a raça dominante, e lhe foi também permitido participar de alguns dos ofícios nos quais eram empregados os espanhóis que não pertenciam à nobreza. Por outro lado, os negros foram reduzidos à escravidão." Cf.: QUIJANO, Aníbal. *Colonialidade do poder, eurocentrismo e América Latina*. Buenos Aires: Consejo Latinoamericano

de Ciencias Sociales, 2005. Disponível em: <http://biblio-teca.clacso.edu.ar/clacso/sur-sur/20100624103322/12_Quijano.pdf>. Acesso em: 10 jul. 2016.

102. Idem.

103. Pesquisa do DIEESE do ano de 2014 constata que um trabalhador terceirizado chega a ganhar 24% a menos do que um trabalhador não terceirizado. No caso dos trabalhadores do setor bancário, o salário do terceirizado pode corresponder a um terço do que recebe um trabalhador não terceirizado, adicionando-se a isto o fato de que o terceirizado não terá benefícios como participação nos lucros, auxílio-creche e jornada de seis horas. Cf.: DEPARTAMENTO INTERSINDICAL DE ESTATÍSTICA E ESTUDOS SOCIOECONÔMICOS – DIEESE; CENTRAL ÚNICA DOS TRABALHADORES – CUT. Terceirização e desenvolvimento: uma conta que não fecha: dossiê acerca do impacto da terceirização sobre os trabalhadores e propostas para garantir a igualdade de direitos. São Paulo: DIEESE; CUT, 2014. Somam-se a estes dados os levantados por pesquisa do Instituto de Pesquisa Econômica Aplicada (IPEA) de 2011, que constatou que as mulheres negras constituem a grande maioria das trabalhadoras domésticas remuneradas, e ainda assim, recebem salários mais baixos e estão submetidas a piores condições de trabalho em comparação com as mulheres brancas que realiza trabalho doméstico remunerado. Cf.: INSTITUTO DE PESQUISA ECONÔMICA APLICADA IPEA. *Retrato das desigualdades de gênero e raça*. Brasília: IPEA, 2011.

104. SKIDMORE, Thomas. *Preto no branco*: raça e nacionalidade no pensamento brasileiro. São Paulo: Companhia das Letras, 2012.

105. SCHWARZ, Lilia Moritz. *O espetáculo das raças*: Cientistas, instituições e questão racial no Brasil do século XIX. São Paulo: Companhia das Letras, 2014.

106. Sobre os debates acerca do conceito de democracia racial, ver VIOTTI DA COSTA, Emilia. *The myth of racial democracy*: a legacy of the Empire. In: VAN COTT, Donna Lee. *The Brazilian Empire, Myths and Histories*. Belmont: Wadsworth Publishing Company, 1985.

107. Sobre o tema, ver DU BOIS, W. E. B. *Black Reconstruction in America*: An Essay Toward a History of the Part Which Black Folk Played in the Attempt to Reconstruct Democracy in America, 1860-1880. Oxford: Oxford, 2014; FONER, Eric. *Reconstruction*. Nova York: Harper Perennial, 2014.

108. Para uma comparação entre Estados Unidos, África do Sul e Brasil no que se refere aos processos de formação nacional e a questão racial, ver: MARX, Anthony. *Making Race and Nation*: a Comparison of United States, South Africa, and Brazil. Cambridge: Cambridge University Press, 1998.

109. Cf.: CABRAL, Amílcar. *Obras escolhidas*: unidade e luta. Cabo Verde: Fundação Amílcar Cabral, 2013. v. 1 e 2; MARIÁTEGUI, José Carlos. *Siete ensayos de interpretación de la realidad peruana*. Lima: Empresa Editoria Amauta, 1995.

110. Ver: BATALLA, Guillermo Bonfil. *Utopía y revolución*: el pensamiento político contemporáneo de los indios en América Latina. México: Nueva Imagen, 1981.

111. Ver ADI, Haki. *Pan-Africanism*: a history. Londres: Bloomsbury Academic, 2018.

112. Ver: KHALIDI, R. et al. *The Origins of Arab Nationalism*. Nova York: Columbia University Press, 1991.; SAID, Edward. Orientalismo. São Paulo: Companhia das Letras, 2007.

113. Ver: CABRAL, Amílcar. Obras escolhidas: unidade e luta. Cabo Verde: Fundação Amílcar Cabral, 2013. v. 1 e 2; MARIÁTEGUI, José Carlos. *Siete ensayos de interpretación de la realidad peruana*. Lima: Empresa Editoria Amauta, 1995.

114. No original: "Black visibility is not Black Power". Cf.: HAMILTON, Charles V.; KWANE, Ture. *Black Power*. Politics of Liberation in America. Nova York: Random House, 1967. E-book. p. 178. (tradução minha).

115. JAPPE, Anselm. *A decomposição do capitalismo e de suas críticas*. São Paulo: Hedra, 2013. p. 30.

116. FOUCAULT, Michel. *Em defesa da sociedade*. São Paulo: Martins Fontes, 2010. p. 68-69.

117. Ibidem, p. 69.

118. Ibidem, p. 214.

119. Idem.

120. Ibidem, p. 214.

121. Ibidem, p. 216.

122. Ibidem, p. 215.

123. Idem.

124. Ibidem, p. 218.

125. MBEMBE, Achille. *Necropolítica*. São Paulo: N-1, 2018. p. 19.

126. CÉSAIRE, Aimé. *Discurso sobre o colonialismo*. Lisboa: Sá da Costa, 1978. p. 18-19.

127. MBEMBE, Achille. *Necropolítica*. São Paulo: N-1, 2018 . p. 19.

128. Ibidem, p. 17.

129. Ibidem, p. 31.

130. Ibidem, p. 32.

131. Ibidem, p. 31.

132. Ver: SARTRE, Jean-Paul. *Crítica da razão dialética*. Rio Grande do Sul: DP&A, 2002. Para uma análise política e jurídica do tema da fraternidade-terror em Sartre, ver: ALMEIDA, Silvio Luiz de. Sartre: *Direito e política*. São Paulo: Boitempo, 2016.

133. MBEMBE, Achille. *Necropolítica*. São Paulo: N-1, 2018. p. 32.

134. Idem, p. 71.

135. Ibidem, p. 34.

136. Idem.

137. Ibidem, p. 35.

138. Ibidem, p. 38.

139. Ibidem, p. 69.

140. Sobre a relação entre neoliberalismo e estado de exceção, ver: VALIM, Rafael. *Estado de exceção*: a forma jurídica do neoliberalismo. São Paulo: Contracorrente, 2017. Ainda sobre o mesmo tema, com enfoque na questão constitucional, ver também: BERCOVICI, Gilberto. *A expansão do*

*estado de exceção*: da garantia da constituição à garantia do capitalismo. Boletim de Ciências Económicas, v. LVII, p. 737-754, 2014.

141. FLAUZINA, Ana Luiz Pinheiro. *Corpo negro caído no chão*: o sistema penal e o projeto genocida do Estado brasileiro. Rio de Janeiro: Contraponto, 2008. p. 115.

142. Idem.

143. MBEMBE, Achille. *Crítica da razão negra*. São Paulo: N-1, 2018. p. 22.

144. FRANCO, Marielle. UPP – a redução da favela a três letras: uma análise da política de segurança pública do Estado do Rio de Janeiro. 2014. Dissertação (Mestrado em Administração) – Programa de Pós-Graduação em Administração da Faculdade de Administração, Ciências Contábeis e Turismo. Universidade Federal Fluminense, Rio de Janeiro. Disponível em: < https://app.uff.br/riuff/bitstream/1/2166/1/Marielle%20Franco.pdf>. Acesso em: 15 jun. 2018.

145. Ibidem, p. 74.

146. Ibidem, p. 123.

147. Ibidem, p. 126.

148. Sobre os caminhos do pensamento jurídico contemporâneo, ver capítulos 12 a 15 de: MASCARO, Alysson Leandro. *Filosofia do Direito*. São Paulo: Atlas, 2016.

149. "Se a ciência jurídica fascina Luiz Gama, a Faculdade de Direito e seus doutores são alvos frequentes de seu sarcasmo e indignação desde as Primeiras Trovas Burlescas. Num discurso que, como em seus poemas, cria cumplicidade com os leitores, Luiz Gama monta suas

demonstrações com especial zelo e embasadas na hermenêutica jurídica. Seus argumentos tornam-se, assim, irrebatíveis, comprovando que os 'doutores' são os primeiros a violar o direito no intuito de garantir a propriedade escrava." Cf.: FERREIRA, Lígia Fonseca. *Com a palavra, Luiz Gama.* São Paulo: Imprensa Oficial do Estado de São Paulo, 2011. p. 94.

150. Lígia Fonseca Ferreira insere em seu livro uma reflexão de Luiz Gama, que foi publicado em 28 de dezembro de 1880 no jornal A Gazeta do Povo. Cf: FERREIRA, Lígia Fonseca. *Com a palavra, Luiz Gama.* São Paulo: Imprensa Oficial do Estado de São Paulo, 2011. p. 100.

151. Cf.: KELSEN, Hans. *Teoria pura do direito.* São Paulo: Martins Fontes, 2010; BOBBIO, Norberto. *Teoria geral do direito.* São Paulo: Martins Fontes, 2013.

152. Ver: SCHMITT, Carl. *Teologia política.* São Paulo: Del Rey, 2006.

153. FOUCAULT, Michel. *Microfísica do poder.* Rio de Janeiro: Paz e Terra, 2014; FOUCAULT, Michel. *A verdade e as formas jurídicas.* Rio de Janeiro: Nau, 2002.

154. Para uma leitura sobre a questão da imigração sob a ótica da economia política, ver: FARIAS, Márcio. Fluxo migratório africano contemporâneo e suas bases estruturais. In: Dennis de Oliveira (Org.). *A luta contra o racismo no Brasil.* São Paulo: Fórum, 2017.

155. MASCARO, Alysson Leandro. *Introdução ao Estudo do Direito.* São Paulo: Atlas, 2015. p. 8.

156. Cf.: PACHUKANIS, Evguiéni. *Teoria geral do direito e marxismo.* São Paulo: Boitempo, 2017. p. 117.

157. PACHECO, Ronilso. *Ocupar, resistir, subverter*: igreja e teologia em tempos de violência, racismo e opressão. Rio de Janeiro: Novos Diálogos, 2016. p. 34.

158. MBEMBE, Achille. *Crítica da razão negra*. São Paulo: N-1, 2018. p. 115.

159. Sobre o conceito de colorblindness ver BROWN, Michael K. et al. *Whitewashing Race*: The Myth of a Color-Blind Society. Berkeley; Los Angeles; Londres: University of California Press, 1995.

160. Sobre o racismo no sistema de justiça criminal, ver: ALEXANDER, Michelle. *A nova segregação*: encarceramento em massa na era da neutralidade racial. Tradução: Pedro Luiz Zini Davoglio. Revisão técnica, notas explicativas e tradução das notas da autora: Silvio Luiz de Almeida. São Paulo: Boitempo, 2017. Para uma abordagem do problema do encarceramento pela perspectiva brasileira, ver: BORGES, Juliana. *O que é encarceramento em massa?* Belo Horizonte: Letramento, 2018. (Coleção Feminismos Plurais). Ainda sobre a desigualade no sistema de justiça criminal, ver: ADORNO, Sérgio. Discriminação racial e justiça criminal em São Paulo. *Novos Estudos*, n. 42, p. 45-63, 1995; SINHORETTO, Jacqueline; MORAIS, Danilo de Souza.Violência e racismo: novas faces de uma afinidade reiterada. *Revista de Estudios Sociales*, v. 64, p. 15-26, 2018.

161. Sobre o conceito de justiça distributiva, ver: ARISTÓTELES. *Ética a Nicômaco*. Brasília: UNB, 1985. Sobre a leitura liberal contemporânea deste mesmo conceito, ver: RAWLS, John. *Uma teoria da justiça*. São Paulo: Martins Fontes, 1997.

162. Nos Estados Unidos, segundo a ordem executiva 11246, datada do ano de 1965, empresas com cinquenta ou mais empregados e contratos acima de U$ 50.000 devem implementar planos de ação afirmativa caso fique demonstrado que as minorias estejam sub-representadas. A medida chegou a ser questionada, tanto pelo governo Reagan – que se opunha às medidas de ação afirmativa –, como nos tribunais estadunidenses, quando sua validade foi atestada pela Corte Federal do Terceiro Circuito. Instada a se manifestar, a Suprema Corte Americana decidiu por não analisar o caso. Ver decisão judicial Contractors Association of Eastern Pennsylvania v. Secretary of Labor. (Corte de Apelações dos Estados Unidos, Third Circuit – 442 F. 2d 159 – 1971); GOLLAND, David Hamilton. *Constructing Affirmative Action*: The Struggle for Equal Employment Opportunity. Lexington: University Press of Kentucky, 2011.

163. CHALHOUB, Sidney. *Visões da liberdade*: uma história das últimas décadas da escravidão na Corte. São Paulo: Companhia das Letras, 2011. p. 318-319.

164. Sobre a Critical Race Theory, ver: BELL, Derrick. *Race, Racism and American Law*. Boston: Little Brown & Company, 2008; DELGADO, Richard; STEFANCIC, Jean. *Critical Race Theory*: an Introduction. Nova York; Londres: New York University Press, 2001.

165. CRENSHAW, Kimberle. *On interseccionality*: essential writings. Nova York: New Press, 2017.

166. MATSUDA, Mari. *Where is Your Body*: and Other Essays On Race, Gender and The Law. Boston: Beacon Press, 1996.

167. WILLIAMS, Patricia. *Alchemy of Race and Rights*: Diary of a Law Professor. Cambridge: Harvard University Press, 1992.

168. Nesse sentido, destacam-se as pesquisas feitas por Carlos Hasenbalg e Nelson do Valle Silva. Ver: HASENBALG, Carlos. *Discriminação e desigualdades raciais no Brasil*. Belo Horizonte: Editora UFMG, 2005; HASENBALG, Carlos; VALLE SILVA, Nelson do; HASENBALG, Carlos; LIMA, M. *Cor e estratificação social no Brasil*. Rio de Janeiro: Contracapa, 1999. Mais recentemente as pesquisas de Marcelo Paixão reafirmam a existência das desigualdades raciais.

169. MYRDAL, Gunnar. *An American Dillema*: the Negro Problem and the American Democracy. Nova York; Londres: Harpers & Brothers, 1944.

170. COX, Oliver. *Caste, Class and Race*: a Study of Social Dynamics. Nova York; Londres: Modern Reader Paperbacks, 1970.

171. Ibidem, p. 322.

172. Ibidem, p. 537.

173. Idem.

174. Sobre estas teorias, ver: CHADAREVIAN, Pedro. Elementos para uma crítica da teoria neoclássica da discriminação. *Revista da Sociedade Brasileira de Economia Política*, v. 25, p. 104-132, 2009.

175. BECKER, Gary. *Economics of Discrimination*. Chicago: University of Chicago Press, 1957.

176. Ver: SCHULTZ, T. W. *O capital humano*: investimentos em educação e pesquisa. Rio de Janeiro: Zahar, 1973; BECKER, G. *Human Capital*: a Theoretical and Empirical Analysis, with Special Reference to Education. Chicago: University of Chicago Press, 1993; WELCH, F. Education and Racial Discrimination. In: ASHENFELTER, D.; REES, A. Rees (Orgs.). *Discrimination in Labour Markets*. Nova Jersey: Princeton University Press, 1973.

177. STEELE, Claude M.; ARONSON, Joshua. Stereotype Threat and the Intellectual Test Performance of African Americans. *Journal of Personality and Social Psychology*, n. 69, p. 797-811, nov. 1995.

178. BOYER, Robert. *Teoria da regulação*: os fundamentos. São Paulo: Estação Liberdade, 2009. p. 48.

179. Ibidem, p. 51. No mesmo sentido, ver: BRUNHOFF, Simone de. *Estado e capital*: uma análise da política econômica. Rio de Janeiro: Forence, 1985, p. 17.

180. Ver: POLANYI, Karl. *A grande transformação*. Rio de Janeiro: Elsevier Campus, 2011.

181. PAIXÃO, Marcelo et al. *Relatório anual das desigualdades raciais no Brasil*: 2009-2010. Rio de Janeiro: Garamond; Laeser; IUPERJ, 2011. p. 21.

182. SALVADOR, Evilásio. *As implicações do sistema tributário na desigualdade de renda*. Brasília: INESC; OXFAM, 2014. p. 26.

183. Ver: REICH, Michael. *Racism*: a Political Economic Analysis. Nova Jersey: Princeton, 1981.

184. Sobre o conceito de superexploração do trabalho, ver: MARINI, Ruy Mauro. *Dialética da dependência*. Petrópolis: Vozes; Buenos Aires: Clacso, 2000.

185. Para uma interessante abordagem do sexismo a partir do conceito de acumulação primitiva, ver: FEDERICI, Silvia. *Calibã e a bruxa*: mulheres, corpo e acumulação originária. São Paulo: Elefante, 2017.

186. "[...] O processo que cria a relação capitalista não pode ser senão o processo de separação entre o trabalhador e a propriedade das condições da realização de seu trabalho, processo que, por um lado, transforma em capital os meios sociais de subsistência e de produção e, por outro, converte os produtores diretos em trabalhadores assalariados. A chamada acumulação primitiva não é, por conseguinte, mais do que o processo histórico de separação do produtor e meio de produção. Ela aparece como primitiva porque constitui pré-história do capital e do modo de produção que lhe corresponde." A estrutura econômica da sociedade capitalista surgiu da estrutura econômica da sociedade feudal. A dissolução desta última liberou os elementos daquela." MARX, Karl. *O capital*: crítica da economia política. São Paulo: Boitempo, 2013. v. 1.

187. O caso dos imigrantes bolivianos e, agora, dos haitianos no Brasil é emblemático de como a dinâmica do racismo vai constituindo uma complexa cadeia de hierarquias que se dá à margem da legalidade e que revela a convivência de diferentes tipologias do racismo. Junta-se na construção da alteridade racista contra bolivianos e haitianos o racismo interior e já tradicional contra negros e índios, e se insere no discurso a xenofobia. O racismo se alimenta de um imaginário historicamente construído de que negros e indígenas são racialmente inferiores, caso contrário, não haveria

explicação para o modo distinto com que imigrantes brancos são bem recebidos. Assim, ainda que haja um horror de certa parcela da sociedade com os horrores e a ilegalidade do tratamento recebido por haitianos e bolivianos, essa indignação não é capaz de se traduzir numa ação política efetiva contra essa violência e nem impedir o uso da força de trabalho destes imigrantes pela indústria capitalista.

188. "Assim se constitui um modo de produção especificamente capitalista, no qual o controle do processo de produção pelo capitalista e o seu domínio sobre o operário é completo, isto é, agora ele tem a efetiva capacidade de dispor dos meios de produção, configurando a subsunção real do trabalho ao capital." NAVES, Márcio Bilharinho. *A questão do Direito em Marx*. São Paulo: Outras expressões; Dobra, 2014. p. 44.

189. BALIBAR, Étienne; WALLERSTEIN, Immanuel. *Race, Class and Nation*: Ambiguous Identity. Londres: Verso, 2010. p. 4.

190. Idem.

191. MARQUESE, Rafael Bivar. As desventuras de um conceito: capitalismo histórico e a historiografia sobre a escravidão brasileira. *Revista de História*, São Paulo, n. 169, p. 223-253, jul./dez. 2013.

192. SCHWARCZ, Lilia Moritz. *O espetáculo das raças*. São Paulo: Companhia da Letras, 2014.

193. GUIMARÃES, Antônio Sérgio Alfredo. Depois da democracia racial. *Tempo Social*, v. 18, n. 2, p. 276, nov. 2006.

194. NAVES, Márcio Bilharinho. *A questão do Direito em Marx*. São Paulo: Outras expressões; Dobra, 2014.

195. Com diferentes posições sobre o tema, mas tratando o problema da escravidão e/ou do racismo em franco diálogo com a economia política, ver: WILLIAMS, Eric. *Capitalismo e escravidão*. São Paulo: Companhia das Letras, 2012; RODNEY, Walter. *Como a Europa subdesenvolveu a África*. Lisboa: Seara Nova, 1975; TOMICH, Dale. *Pelo prisma da escravidão*: trabalho, capital e economia mundial. São Paulo: EDUSP, 2011; GENOVESE, Eugene D. *The Political Economy of Slavery*. Nova York: Random House, 1967; ALENCASTRO, Luiz Felipe de. *O trato dos viventes*: formação do Brasil no Atlântico Sul. São Paulo: Companhia das Letras, 2000. Sobre o debate acerca do status teórico da escravidão sob a perspectiva do direito, ver: ERKERT, Jonathan Erik von. *Modos de produção e forma jurídica no Brasil*. São Paulo: Ideias & Letras, 2018.

196. ALTHUSSER, Louis. *Por Marx*. Campinas: Unicamp, 2015.

197. MOURA, Clóvis. *Dialética radical do Brasil negro*. São Paulo: Fundação Maurício Grabois; Anita Garibaldi, 2014. p. 219.

198. ALEXANDER, Michelle. *A nova segregação*: encarceramento em massa na era da neutralidade racial. Tradução: Pedro Luiz Zini Davoglio. Revisão técnica, notas explicativas e tradução das notas da autora: Silvio Luiz de Almeida. São Paulo: Boitempo, 2017. p. 350.

199. DAVIS, Angela. *Mulheres, raça e classe*. São Paulo: Boitempo, 2016. p. 75.

200. FERNANDES, Florestan. *Significado do protesto negro*. São Paulo: Expressão Popular; Perseu Abramo, 2017. p. 84.

201. HALL, Stuart et al. *Policing the Crisis*: Mugging the State, and Law and Order. Londres: Mcmillan, 1978.

202. HAIDER, Asad. *Race and Class in the Age of Trump*. Londres: Verso, 2018.

203. FURTADO, Celso. *Brasil*: a construção interrompida. Rio de Janeiro: Paz e Terra, 1992. p. 39-47.

204. OLIVEIRA, Dennis de. O combate ao racismo é uma luta anticapitalista. In: OLIVEIRA, Dennis de (Org.). *A luta contra o racismo no Brasil*. São Paulo: Fórum, 2017. p. 23.

205. RODNEY, Walter. *Como a Europa subdesenvolveu a África*. Lisboa: Seara Nova, 1975.

206. Ibidem, p. 377.

207. Ver: RAMOS, Alberto Guerreiro. *Introdução crítica à sociologia brasileira*. Rio de Janeiro: Andes, 1957.

208. PAIXÃO, Marcelo. *A lenda da modernidade encantada: por uma crítica ao pensamento social brasileiro sobre relações raciais e projeto de Estado-Nação*. 1. ed. Curitiba: Ed CRV, 2013.

209. "A sociedade capitalista é, em razão de seus antagonismos e conflitos estruturais, fundamentalmente portadora de crise, e por isso só pode ser estável em suas respectivas estruturas sociais, políticas e institucionais por períodos limitados. Seu desenvolvimento não transcorre nem linear, nem continuamente; as fases de relativa estabilidade são sempre interrompidas por grandes crises. [...]" RAMOS, Alberto Guerreiro. *Introdução crítica à sociologia brasileira*. Rio de Janeiro: Andes, 1957, p. 131.

210. HIRSCH, Joachim. *Teoria materialista do Estado*. Rio de Janeiro: Revan, 2010. p. 134.

211. Idem, p. 134.

212. HARVEY, David. *Condição pós-moderna*. São Paulo: Loyola, 2011. p. 117.

213. Idem.

214. COGGIOLA, Osvaldo. *As grandes depressões (1873-1896 e 1929-1939)*: fundamentos econômicos, consequências geopolíticas e lições para o presente. São Paulo: Alameda, 2009. p. 104.

215. "A população da 'África negra' era, no século XIX, de três a quatro vezes menor do que no século XVI. A conquista colonial capitalista (com uso de artilharia contra, no máximo, fuzis coloniais), o trabalho forçado multiforme e generalizado, a repressão das numerosas revoltas por meio do ferro e do fogo, a subalimentação, as diversas doenças locais, as doenças importadas e a continuação do tráfico negreiro oriental, reduziram ainda mais a população, que baixou para quase um terço." COGGIOLA, Osvaldo. *As grandes depressões (1873-1896 e 1929-1939)*: fundamentos econômicos, consequências geopolíticas e lições para o presente. São Paulo: Alameda, 2009. p. 118.

216. COGGIOLA, Osvaldo. *As grandes depressões (1873-1896 e 1929-1939)*: fundamentos econômicos, consequências geopolíticas e lições para o presente. São Paulo: Alameda, 2009. p. 120.

217. MBEMBE, Achille. *Crítica da razão negra*. São Paulo: N-1, 2018, p. 105.

218. HARVEY, David. *Condição pós-moderna*. São Paulo: Loyola, 2011. p. 132.

219. MARCUSE, Herbert. *A ideologia da sociedade industrial*: o homem unidimensional. Rio de Janeiro: Zahar, 1982.

220. DARDOT, Pierre; LAVAL, Cristian. *A nova razão do mundo*. São Paulo: Boitempo, 2016.

**Referências bibliográficas**

ADI, Haki. *Pan-Africanism*: a History. Londres: Bloomsbury Academic, 2018.

ADORNO, Sérgio. *Discriminação racial e justiça criminal em São Paulo*. Novos Estudos, n. 43, p. 45-63, nov. 1995.

ADORNO, Theodor W. *Minima moralia*: reflexões a partir da vida lesada. Rio de Janeiro: Azougue, 2008.

ALENCASTRO, Luiz Felipe de. *O trato dos viventes*: formação do Brasil no Atlântico Sul. São Paulo: Companhia das Letras, 2000.

ALEXANDER, Michelle. *A nova segregação*: encarceramento em massa na era da neutralidade racial. Tradução: Pedro Luiz Zini Davoglio. Revisão técnica, notas explicativas e tradução das notas da autora: Silvio Luiz de Almeida. São Paulo: Boitempo, 2017.

ALMEIDA, Silvio Luiz de. Estado, direito e análise materialista do racismo. In: KASHIURA JUNIOR, Celso Naoto; AKAMINE JUNIOR, Oswaldo; DE MELO, Tarso. (Orgs.). *Para a crítica do direito*: reflexões sobre teorias e práticas jurídicas. São Paulo: Outras Expressões; Dobra Universitário, 2015.

ALMEIDA, Silvio Luiz de. *Sartre*: direito e política. São Paulo: Boitempo, 2016.

ALTHUSSER, Louis. *Por Marx*. Campinas: Unicamp, 2015.

AMIM, Samir. *Ending The Crises of Capitalism Or Ending The Capitalism?* Dakar: Codesria, 2011.

AMIM, Samir. *Eurocentrism, Modernity, Religion, and Democracy*: A Critique of Eurocentrism and Culturalism. Nova York: Monthly Review, 1989.

ARISTÓTELES. *Ética a Nicômaco*. Brasília: UNB, 1985.

BALIBAR, Étienne; WALLERSTEIN, Immanuel. *Race, Class and Nation*: Ambiguous Identity. Londres: Verso, 2010.

BANTON, Michael. *A ideia de raça*. Lisboa: Edições 70, 1977.

BARBOSA, Muryatan. *Guerreiro Ramos e o personalismo negro*. Jundiaí: Paco Editorial, 2015.

BATALLA, Guillermo Bonfil. *Utopía y revolución*: el pensamiento político contemporáneo de los indios en América Latina. México: Nueva Imagen, 1981.

BECKER, G. *Human Capital:* A Theoretical and Empirical Analysis, With Special Reference to Education. Chicago: University of Chicago Press, 1993.

BECKER, Gary. *Economics of Discrimination*. Chicago: University of Chicago Press, 1957.

BELL, Derrick. *Race, Racism, and American Law*. Boston, EUA: Little Brown & Company, 2008.

BENTO, Maria Aparecida; CARONE, Iray. *Psicologia social do racismo*: estudos sobre branquitude e branqueamento no Brasil. Petrópolis: Vozes, 2014.

BERCOVICI, Gilberto. A expansão do estado de exceção: da Garantia da Constituição à garantia do capitalismo. *Boletim de Ciências Económicas*, v. LVII, p. 737-754, 2014.

BETHENCOURT, Francisco. *Racismos*: das Cruzadas ao século XX. São Paulo: Companhia das Letras, 2017.

BIKO, Steve. *I Write What I Like*: A Selection of His Writings. Oxford: Heinemann, 1987.

BOBBIO, Norberto. *Teoria geral do direito*. São Paulo: Martins Fontes, 2013.

BONILLA-SILVA, Eduardo. *Racism Without Racists*: Color-blind Racism and the Persistence of Racial Inequality in the United States. Maryland, EUA: Rowman & Littlefield, 2006.

BONILLA-SILVA, Eduardo. Rethinking Racism: Toward a Structural Interpretation. *American Sociology Review*, v. 62, n. 3, p. 465-480, jun. 1997.

BORGES, Juliana. *O que é encarceramento em massa?* Belo Horizonte: Letramento, 2018. (Coleção Feminismos Plurais)

BOYER, Robert. *Teoria da regulação*: os fundamentos. São Paulo: Estação Liberdade, 2009.

BRAVERMAN, Harry. *Trabalho e capital monopolista*: a degradação do trabalho no século XX. Rio de Janeiro: LTC, 1987.

BROWN, Michael K. et al. *Whitewashing Race*: The Myth of a Color-Blind Society. Berkeley; Los Angeles; Londres: University of California Press, 1995.

BRUNHOFF, Simone de. *Estado e capital*: uma análise da política econômica. Rio de Janeiro: Forense, 1985.

BUCK-MORSS, Susan. *Hegel e o Haiti*. São Paulo: N-1, 2017.

BUTLER, Judith. *A vida psíquica do poder*: teorias da sujeição. Belo Horizonte: Autêntica Editora, 2017.

CABRAL, Amílcar. *Obras escolhidas*: unidade e luta. Cabo Verde: Fundação Amílcar Cabral. v. 1.

CABRAL, Amílcar. *Obras escolhidas*: unidade e luta. Cabo Verde: Fundação Amílcar Cabral. v. 2.

CALDAS, Camilo. *Teoria Geral do Estado*. São Paulo: Ideias & Letras, 2018.

CARNEIRO, Sueli. *Racismo, sexismo e desigualdade no Brasil*. São Paulo: Selo Negro, 2011.

CAVALLI-SFORZA, Luigi Luca. *Quem somos?*: História da diversidade humana. São Paulo: Unesp, 2002.

CENTRO FEMINISTA DE ESTUDOS E ASSESSORIA. *Discriminação positiva, ação afirmativa*: em busca da igualdade. Brasília: CFEMEA, 1995.

CÉSAIRE, Aimé. *Discurso sobre o colonialismo*. Lisboa: Sá da Costa, 1978.

CHALHOUB, Sidney. *Visões da liberdade*: uma história das últimas décadas da escravidão na Corte. São Paulo: Companhia das Letras, 2011.

CHADAREVIAN, Pedro. Elementos para uma crítica da teoria neoclássica da discriminação. *Revista da Sociedade Brasileira de Economia Política*, v. 25, p. 104-132, 2009.

CHADAREVIAN, Pedro. Para medir as desigualdades raciais no mercado de trabalho. *Revista de Economia Política*, São Paulo, v. 31, n. 2, p. 283-304, jun. 2011. Disponível em: http://www.scielo.br/scielo.php?script=sci_arttext&pid=S0101-31572011000200007. Acesso em: 9 abr. 2019.

CHAVES, L. G. Mendes. Minorias e seu estudo no Brasil. *Revista de Ciências Sociais*, v. 2, n. 1, p. 149-168, 1971.

COGGIOLA, Osvaldo. *As grandes depressões (1873-1896 e 1929-1939)*: fundamentos econômicos, consequências geopolíticas e lições para o presente. São Paulo: Alameda, 2009.

COHN, Bernand S. *Colonialism and its forms of Knowledge*: the British in India. Princeton Studies in Culture, Power History, 1928.

COX, Oliver. *Caste, Class and Race*: a Study of Social Dynamics. Nova York; Londres: Modern Reader Paperbacks, 1970.

CRENSHAW, Kimberle. *On Interseccionality*: Essential Writings. Nova York: New Press, 2017.

DARDOT, Pierre; LAVAL, Cristian. *A nova razão do mundo*. São Paulo: Boitempo, 2016.

DAVIS, Angela. *Are Prisons Obsolete?* Nova York: Seven Stories Press, 2003.

DAVIS, Angela. *Mulheres, raça e classe*. São Paulo: Boitempo, 2016.

DELGADO, Richard; STEFANCIC, Jean. *Critical Race Theory*: an Introduction. Nova York; Londres: New York University Press, 2001.

DEPARTAMENTO INTERSINDICAL DE ESTATÍSTICA E ESTUDOS SO C IOEC ONÔ MI COS – DIEESE; CENTR AL Ú NI CA DOS TRABALHADORES – CUT. *Terceirização e desenvolvimento: uma conta que não fecha*: dossiê acerca do impacto da terceirização sobre os trabalhadores e propostas para garantir a igualdade de direitos. São Paulo: DIEESE; CUT, 2014.

DIJK, Teun A. van. *Racismo y discurso en América Latina*. Barcelona: Gedisa, 2007.

DUARTE, E. C. P.; QUEIROZ, M. V. L. A Revolução Haitiana e o Atlântico Negro: o constitucionalismo em face do lado oculto da modernidade. *Direito, Estado e Sociedade*, v. 49, p. 10-42, 2016.

Du BOIS, W. E. B. *The Souls Of Black Folk*. Nova York: Barnes & Nobles, 2003.

Du BOIS, W. E. B. Black *Reconstruction in America*: An Essay Toward a History of the Part Which Black Folk Played in the Attempt to Reconstruct Democracy in America, 1860-1880. Oxford: Oxford, 2014.

DUSSEL, Enrique. Europa, modernidade e eurocentrismo. In: LANDER, Edgardo (Org.). *A colonialidade do saber*: eurocentrismo e ciências sociais, perspectivas latino-americanas. São Paulo: CLACSO, 2005.

ELIAS, Norbert. *O processo civilizador*: uma história dos costumes. Rio de Janeiro: Zahar, 2011. v. 1.

ERKERT, Jonathan Erik von. *Modos de produção e forma jurídica no Brasil*. São Paulo: Ideias & Letras, 2018.

FANON, Frantz. *Em defesa da revolução africana*. Lisboa: Sá da Costa, 1980.

FANON, Frantz. *Os condenados da terra*. Rio de Janeiro: Civilização Brasileira, 1968.

FANON, Frantz. *Pele negra, máscaras brancas*. Salvador: EDUFBA, 2008.

FARIAS, Márcio. Fluxo migratório africano contemporâneo e suas bases estruturais. In: OLIVEIRA, Dennis de. (Org.). *A luta contra o racismo no Brasil*. São Paulo: Fórum, 2017.

FAUSTINO, Deivison Mendes. *Frantz Fanon*: um revolucionário, particularmente negro. São Paulo: Ciclo Contínuo, 2018.

FEDERICI, Silvia. *Calibã e a bruxa*: mulheres, corpo e acumulação originária. São Paulo: Elefante, 2017.

FERNANDES, Florestan. *Significado do protesto negro*. São Paulo: Expressão Popular; Perseu Abramo, 2017.

FERREIRA, Lígia Fonseca. *Com a palavra, Luiz Gama*. São Paulo: Imprensa Oficial do Estado de São Paulo, 2011.

FIELDS, Bárbara Jeanne. Ideology and Race in American History. In: KOUSSER, J. Morgan; MCPHERSON, James M. Region, *Race, and Reconstruction*: Essays in Honor of C. Vann Woodward. Nova York: Oxford University Press, 1982.

FIELDS, Barbara Jeanne. Slavery, Race and Ideology in the United States. *New Left Review*, p. 95-118, 1990.

FISCHER, Sibylle. Constituciones haitianas: ideología y cultura posrevolucionarias. *Revista de la Casa de las Américas*, p. 16-35, out./dez. 2003.

FLAUZINA, Ana Luiz Pinheiro. *Corpo negro caído no chão*: o sistema penal e o projeto genocida do Estado brasileiro. Rio de Janeiro: Contraponto, 2008.

FOUCAULT, Michel. *A verdade e as formas jurídicas*. Rio de Janeiro: Nau, 2002.

FOUCAULT, Michel. *As palavras e as coisas*. São Paulo: Martins Fontes, 2016.

FOUCAULT, Michel. *Em defesa da sociedade*. São Paulo: Martins Fontes, 2010.

FOUCAULT, Michel. *Microfísica do poder*. Rio de Janeiro: Paz e Terra, 2014.

FRANCO, Marielle. UPP – a redução da favela a três letras: uma análise da política de segurança pública do Estado do Rio de Janeiro. 2014. Dissertação (Mestrado em Administração) – Programa de Pós-Graduação em Administração da Faculdade de Administração, Ciências Contábeis e Turismo. Universidade Federal Fluminense, Rio de Janeiro. Disponível em: <https://app.uff.br/riuff/bitstream/1/2166/1/Marielle%20Franco. pdf>. Acesso em: 15 jun. 2018.

FONER, Eric. *Reconstruction*: America's Unfinished Revolution, 1863-1877. Nova York: Harper Perennial, 2014

FURTADO, Celso. *Brasil*: a construção interrompida. Rio de Janeiro: Paz e Terra, 1992.

GENOVESE, Eugene D. *The Political Economy of Slavery*. Nova York: Random House, 1967.

GIDDENS, Anthony. *A constituição da sociedade*. São Paulo: Martins Fontes, 2009.

GIDDENS, Anthony; SUTTON, Philip W. Conceitos essenciais da sociologia. São Paulo: Unesp, 2016.

GILROY, Paul. *O Atlântico negro*. São Paulo: Editora 34; Rio de Janeiro: UCAM, Centro de Estudos Afro-Asiáticos, 2012.

GOLDBERG, David Theo. *The Racial State*. Oxford: Blackwell, 2000.

GOLLAND, David Hamilton. *Constructing Affirmative Action*: The Struggle for Equal Employment Opportunity. Lexington: University Press of Kentucky, 2011.

GOMES, Joaquim B. Barbosa. *Ação afirmativa e princípio constitucional da igualdade*. Rio de Janeiro: Renovar, 2001.

GONZALEZ, Lélia. A categoria político-cultural da amefricanidade. *Tempo Brasileiro*, Rio de Janeiro, n. 92/93 p. 69-82, jan./jun. 1988.

GORENDER, Jacob. *Brasil em preto e branco*. São Paulo: SENAC, 2000.

GORENDER, Jacob. *O escravismo colonial*. São Paulo: Expressão Popular; Perseu Abramo, 2016.

GRAMSCI, Antonio. *Cadernos do cárcere*. Rio de Janeiro: Civilização Brasileira, 2001. v. 3.

GROSFOGUEL, Ramón. Racismo/sexismo epistémico, universidades occidentalizadas y los cuatro genocídios/epistemicidos del largo siglo XVI. *Tabula Rasa*, Bogotá, Universidad Colegio Mayor de Cundinamarca, n. 19, p. 32-58, jul./dez. 2013.

GUIMARÃES, Antônio Sérgio Alfredo. Depois da democracia racial. *Tempo Social*, v. 18, n. 2, nov. 2006.

GUIMARÃES, Antônio Sérgio Alfredo. *Racismo e anti-racismo no Brasil*. São Paulo: Editora 34, 1999.

HAIDER, Asad. *Race and Class in the Age of Trump*. Londres: Verso, 2018.

HALE, Charles. As ideias políticas e sociais na América Latina, 1870-1930. In: BETHELL, Leslie (Org.). *História da América Latina*: de 1870 a 1930. São Paulo: Edusp, 2009. v. IV.

HALL, Stuart et al. *Policing the Crisis*: Mugging the State, and Law and Order. Londres: Mcmillan, 1978.

HALL, Stuart. *Da diáspora*: identidades e mediações culturais. Belo Horizonte: UFMG, 2003.

HAMILTON, Charles V.; KWANE, Ture. *Black Power*: Politics of Liberation in America. Nova York: Random House, 1967. E-book.

HARVEY, David. *Condição pós-moderna*. São Paulo: Loyola, 2011.

HASENBALG, Carlos. *Discriminação e desigualdades raciais no Brasil*. Belo Horizonte: Editora UFMG, 2005.

HASENBALG, Carlos; VALLE SILVA, Nelson do; HASENBALG, Carlos; LIMA, M. *Cor e estratificação social no Brasil*. Rio de Janeiro: Contracapa, 1999.

HIRSCH, Joachim. Forma política, instituições políticas e Estado – I. *Crítica Marxista*, n. 24, p. 9-36, 2007. Disponível em: <https://www.ifch.     unicamp.br/criticamarxista/arquivos_biblioteca/artigo212artigo1.pdf>. Acesso em: 15 jun. 2018.

HIRSCH, Joachim. *Teoria materialista do Estado*. Rio de Janeiro: Revan, 2010.

HOBSBAWN, Eric. *Nações e nacionalismo desde 1780*: programa, mito e realidade. São Paulo: Paz e Terra, 2013.

IMMERGUTT, Ellen. O núcleo teórico do novo institucionalismo. In: SARAIVA, Enrique; FERRAREZI, Elisabete. *Coletânea de Políticas Públicas*. Brasília: ENAP, 2006. v. 1.

INSTITUTO DE PESQUISA ECONÔMICA APLICADA – IPEA. *Retrato das desigualdades de gênero e raça*. Brasília: IPEA, 2011.

INSTITUTO DE PESQUISA ECONÔMICA APLICADA – IPEA; FÓRUM BRASILEIRO DE SEGURANÇA PÚBLICA. Atlas da violência 2018. Rio de Janeiro: IPEA; FBSP, 2018.

JAMES, C. R. L. *Os jacobinos negros*. São Paulo: Boitempo, 2000.

JAPPE, Anselm. *A decomposição do capitalismo e de suas críticas*. São Paulo: Hedra, 2013.

KELSEN, Hans. *Teoria pura do direito*. São Paulo: Martins Fontes, 2010.

KHALIDI, R. et al. *The Origins of Arab Nationalism*. Nova York: Columbia University Press, 1991.

LAPLANTINE, François. *Aprender Antropologia*. São Paulo: Brasiliense, 2012.

LÉVI-STRAUSS, Claude. *Raça e história*. Lisboa: Presença, 1995.

LOSURDO, Domenico. *Contra-história do liberalismo*. São Paulo: Ideias & Letras, 2006.

MARCUSE, Herbert. *A ideologia da sociedade industrial*: o homem unidimensional. Rio de Janeiro: Zahar, 1982.

MARIÁTEGUI, José Carlos. *Siete ensayos de interpretación de la realidad peruana*. Lima: Empresa Editoria Amauta, 1995.

MARINI, Ruy Mauro. *Dialética da Dependência*. Petrópolis; Buenos Aires: Vozes; Clacso, 2000.

MARQUESE, Rafael Bivar. As desventuras de um conceito: capitalismo histórico e a historiografia sobre a escravidão brasileira. *Revista de História*, São Paulo, n. 169, p. 223-253, jul./dez. 2013.

MARX, Anthony. *Making Race and Nation*: a Comparison of United States, South Africa, and Brazil. Cambridge: Cambridge University Press, 1998.

MARX, Karl. *O Capital*: crítica da economia política. São Paulo: Boitempo, 2013. v. 1.

MASCARO, Alysson Leandro. *Estado e forma política*. São Paulo: Boitempo, 2013.

MASCARO, Alysson Leandro. *Filosofia do direito*. São Paulo: Atlas, 2016.

MASCARO, Alysson Leandro. *Introdução ao Estudo do Direito*. São Paulo: Atlas, 2015.

MATSUDA, Mari. *Where is Your Body*: and Other Essays On Race, Gender and The Law. Boston: Beacon Press, 1996.

MBEMBE, Achille. *Crítica da razão negra*. São Paulo: N-1, 2018.

MBEMBE, Achille. *Necropolítica*. São Paulo: N-1, 2018.

MENDES, Maria Manuela. Raça e racismo: controvérsias e ambigüidades. *Revista Vivência*, n. 39, p. 101-123, 2012.

MILLS, Charles. *The Racial Contract*. Nova York: Cornell University, 1997.

MOREIRA, Adilson José. *O que é discriminação?* Belo Horizonte: Letramento, 2017.

MOURA, Clóvis. *Dialética radical do Brasil negro*. São Paulo: Fundação Maurício Grabois; Anita Garibaldi, 2014.

MUNANGA, Kabengele. Teorias sobre o racismo. In: HASENBALG, Carlos; MUNANGA, Kabengele; SCHWARCZ, Lilia Moritz. *Racismo*: perspectivas para um estudo contextualizado da sociedade brasileira. Niterói: EdUFF, 1998.

MYRDAL, Gunnar. *An American Dillema*: the Negro Problem and the American Democracy. Nova York; Londres: Harpers & Brothers, 1944.

NASCIMENTO, Abdias do. *O genocídio do negro brasileiro*: processo de um racismo mascarado. São Paulo: Perspectivas, 2016.

NAVES, Márcio Bilharinho. *A questão do direito em Marx*. São Paulo: Outras expressões; Dobra, 2014.

OLIVEIRA, Dennis de. O combate ao racismo e uma luta anticapitalista. In: OLIVEIRA, Dennis de (Org.). *A luta contra o racismo no Brasil*. São Paulo: Fórum, 2017.

OMI, Michael; WINANT, Howard. *Racial Formation in the United States*: From the 1960s to the 1990s. Nova York: Routledge, 1995.

PACHECO, Ronilso. Ocupar, resistir, subverter: igreja e teologia em tempos de violência, racismo e opressão. Rio de Janeiro: Novos Diálogos, 2016.

PACHUKANIS, Evguiéni. *Teoria geral do direito e marxismo*. São Paulo: Boitempo, 2017.

PAIXÃO, Marcelo et al. *Relatório anual das desigualdades raciais no Brasil*: 2009-2010. Rio de Janeiro: Garamond; Laeser; IUPERJ, 2011.

PAIXÃO, Marcelo. *500 anos de solidão*: estudos sobre desigualdades raciais no Brasil. Curitiba: Ed. Apris, 2013.

PAIXÃO, Marcelo. *A lenda da modernidade encantada*: por uma crítica ao pensamento social brasileiro sobre relações raciais e projeto de Estado-Nação. Curitiba: Ed CRV, 2013.

PEREIRA, Luiz Ismael. Forma política e cidadania na periferia do capitalismo: a América Latina por uma teoria materialista do Estado. Tese (Doutorado em Direito Político e Econômico). Universidade Presbiteriana Mackenzie. São Paulo, 2017. Disponível em: <http://tede.mackenzie.br/ jspui/handle/tede/3251>. Acesso em: 15 jun. 2018.

PEREIRA, Luiz Ismael. Teoria Latino-americana do Estado: a insuficiência do modelo democrático e críticas. *Revista Eletrônica Direito e Política*, Itajaí, 2013.

PIRES, Eginardo. *Valor e acumulação*. Rio de Janeiro: Zahar, 1979.

PIRES, Thula Rafaela de Oliveira. *Criminalização do racismo*: entre política de reconhecimento e meio de legitimação do controle social sobre os negros. Brasília: Brado Negro, 2016.

POLANYI, Karl. *A grande transformação*. Rio de Janeiro: Elsevier Campus, 2011.

QUEIROZ, M. V. L. *Constitucionalismo brasileiro e o Atlântico negro*: a experiência constituinte de 1823 diante da Revolução Haitiana. Rio de Janeiro: Lumen Juris, 2017.

QUIJANO, Aníbal. *Colonialidade do poder, eurocentrismo e América Latina*. Disponível em: < http://biblioteca.clacso.edu.ar/clacso/sur-sur/20100624103322/12_Quijano.pdf>. Acesso em: 9 abr. 2019.

RAMOS, Alberto Guerreiro. *A redução sociológica*: introdução ao estudo da razão sociológica. Rio de Janeiro: Tempo Brasileiro, 1965.

RAMOS, Alberto Guerreiro. *Introdução crítica à sociologia brasileira*. Rio de Janeiro: Andes, 1957.

RAMOS, Alberto Guerreiro. O negro desde dentro. In: NASCIMENTO, Abdias do (Org.). *Teatro experimental do negro*: testemunhos. Rio de Janeiro: GRD, 1966.

RAWLS, John. *Uma teoria da justiça*. São Paulo: Martins Fontes, 1997.

REBOUÇAS, André. *Agricultura nacional*: estudos econômicos: propAganda aboliconista e democrática. Recife: Fundaj, Editora Massangana, 1988.

REICH, Michael. *Racism*: a Political Economic Analysis. Nova Jersey: Princeton, 1981.

RODNEY, Walter. *Como a Europa subdesenvolveu a África*. Lisboa: Seara Nova, 1975.

SAID, Edward. *Orientalismo*. São Paulo: Companhia das Letras, 2007.

SALVADOR, Evilásio. *As implicações do sistema tributário na desigualdade de renda*. Brasília: INESC; OXFAM, 2014,

SANTOS, Milton. *A natureza do espaço*: técnica e tempo, razão e emoção. São Paulo: Editora da Universidade de São Paulo, 2014.

SARTRE, Jean-Paul. *Crítica da razão dialética*. Rio Grande do Sul: DP&A, 2002.

SCHMITT, Carl. *Teologia política*. São Paulo: Del Rey, 2006.

SCHOLZ, Roswitha. O valor é o homem. *Revistas Novos Estudos*, São Paulo, n. 45, p. 15-36, jul. 1996.

SCHUCMAN, Lia Vainer. *Entre o encardido, o branco e o branquíssimo*: branquitude, hierarquia e poder na cidade de São Paulo. São Paulo: Annablume, 2015.

SCHUCMAN, Lia Vainer. *Famílias interraciais:* tensões entre cor e amor. Salvador: UFBA, 2018

SCHULTZ, T. W. *O Capital Humano*: investimentos em educação e pesquisa. Rio de Janeiro: Zahar, 1973.

SCHWARCZ, Lilia Moritz. *O espetáculo das raças*. São Paulo: Companhia da Letras, 2014.

SINHORETTO, Jacqueline; MORAIS, Danilo de Souza. Violência e racismo: novas faces de uma afinidade reiterada. *Revista de Estudios Sociales*, v. 64, p. 15-26, 2018.

SKIDMORE, Thomas E. *Preto no branco*: raça e nacionalidade no pensamento brasileiro. São Paulo: Companhia das letras, 2012.